TACTIQUE NAVALE

TOULON. — TYP. J. LAURENT,
49, rue Royale.

TACTIQUE NAVALE

RECHERCHE

DES PRINCIPES PRIMORDIAUX & FONDAMENTAUX

DE TOUTE TACTIQUE NAVALE

PAR LE

VICE-AMIRAL COMTE DE GUEYDON

Commandant en chef l'escadre d'évolutions

TOULON

J. LAURENT, LIBRAIRE-ÉDITEUR

RUE ROYALE, 4?

1868

AVANT-PROPOS

En publiant le résultat de mes méditations sur la tactique navale, je me suis borné, à dessein, à en définir et à en préciser les principes tels que je les ai conçus, et je n'ai point cherché à écrire une tactique dans l'acception consacrée du mot. J'ai voulu seulement contribuer à frayer la route qui doit conduire à la découverte et à la réglementation, aussi définitives qu'elles peuvent l'être, des évolutions navales, et apporter ainsi mon contingent à l'œuvre dont la transformation des vaisseaux et les progrès de la science font sentir l'inévitable besoin.

On ne saurait formuler de tactique absolue et aucun système n'inspire les résolutions suprêmes qui font gagner les batailles. Mais, si la tactique ne supplée pas au génie du chef et à ses illuminations soudaines, elle n'en est pas moins le docile et indispensable instrument qu'il a dès longtemps façonné à son usage et dont il doit être sûr. C'est elle qui lui donne le moyen pratique de disposer, suivant les exigences du moment.

des forces qu'il a dans sa main ; c'est elle surtout qui lui rend ces forces souples, maniables et en état de se prêter à l'intelligente exécution de ses volontés. Sa pensée, dès lors, dégagée de la dangereuse préoccupation de ne se voir qu'imparfaitement comprise ou obéie, peut planer, en toute liberté, sur la lutte et, ce qui est l'objectif principal, se concentrer sur les mouvements et les manœuvres de l'ennemi pour déjouer ses projets ou le frapper à l'improviste à la première occasion qui s'en présente.

C'est dans cet ordre d'idées que je me suis renfermé, et voilà pourquoi je me suis abstenu, dans le cours de mon travail, de développements trop nombreux. Je n'ai, le plus souvent, donné que des indications, laissant au lecteur le soin de déduire et de compléter lui-même, en appliquant les principes que j'ai posés, tout ce qui peut être demandé à une tactique méthodique.

Le chapitre Ier de mon étude est exclusivement consacré à la recherche des principes primordiaux sur lesquels reposent nécessairement tous les mouvements de bâtiments quels qu'ils soient, ou qui sont, en d'autres termes, la base de toute tactique navale. Ce chapitre, suffisamment développé, ne réclame aucun commentaire.

En passant, toutefois, je crois devoir mettre en relief — parce que je n'ai pu le faire d'une manière suffisante dans le corps de mon écrit — le très grand avantage qu'il y a, au point de vue de la marche parallèle et équilibrée, à posséder des instruments donnant avec précision la mesure de l'allure des machines, des régulateurs mécaniques de pression, d'introduction, etc., et enfin des moyens prompts et sûrs de transmettre les ordres des commandants à ceux qui doivent les exécuter.

Le chapitre II définit les ordres simples et précise les limites de ce qui peut être exigé et obtenu. Il ne réclame non plus aucun commentaire.

Il n'en est pas de même du chapitre III, à partir de l'instant où, les principes ayant été suffisamment développés, on passe à l'application.

Un point exige alors une mention spéciale, car il s'agit d'une innovation qui doit, à mon sens, dans la tactique future, jouer le rôle capital. Je veux parler de la méthode que j'ai désignée par le nom de : PAR FILE EN GISEMENT — la seule qui me semble praticable pour l'exécution des mouvements obliques (1).

En devenant régulière et flexible, l'allure des machines, dont la vitesse des vaisseaux suit toutes les ondulations, permet, dans beaucoup de cas, de substituer ces mouvements obliques aux évolutions par le flanc usitées actuellement ; car, dans ces conditions, il devient facile d'établir entre des vitesses en équilibre l'écart nécessité par une évolution oblique. Pour cela, en effet, étant admis que les vitesses des vaisseaux

(1) L'utilité des mouvements obliques a déjà été signalée par mon prédécesseur M. le vice-amiral sénateur comte Bouët-Willaumez, dans la préface de sa *Tactique supplémentaire*, page 9.

varient comme les allures des machines, il suffit de faire fournir un nombre de tours supérieur ou inférieur du tant pour cent, dont il est nécessaire d'augmenter ou de diminuer la vitesse de certains vaisseaux.

Pour rendre pratiques les évolutions obliques, il faut encore limiter le nombre des routes différentes et, par dessus tout, déterminer avec précision ces routes. C'est ce que je me suis attaché à faire et je crois y avoir réussi.

Cette méthode : — par file en gisement — par cela même qu'elle débute par la simultanéité qui est un gage de rapidité et s'achève par le mouvement successif qui est une garantie de précision, permet de recommander comme devant remplacer, dans l'avenir, l'ancienne ligne de bataille, la ligne double définie aux §§ 55, 56 et suivants et notamment la ligne de file double avec amiral en tête, formant avec les deux chefs de file un peloton d'escadre (§ 59).

En ligne de file double la flexibilité est complète, et l'amiral, s'il est en tête, peut suivre tous les mouvements de l'ennemi sans se préoccuper des vaisseaux qui sont derrière lui. Si, en effet, il veut ouvrir un combat d'artillerie, il lui suffit d'endenter ses vaisseaux pour que tous puissent engager le feu. S'il veut passer à l'ordre de chasse, la méthode — par file en gisement — lui en fournit la facilité, et, dans ce cas, la ligne de file double devient rapidement l'angle de chasse. Si, étant en angle de chasse, il veut reconquérir une plus grande flexibilité de mouvements, par la même méthode il peut revenir à la ligne de file double. Avec un peu d'exercice, ses vaisseaux s'ouvriront et se fermeront comme un éventail.

Cet ordre et cette méthode sont le but final que cette étude recommande. Tous les développements des premiers chapitres tendent vers ce but, irréalisable toutefois, si on néglige de faire tous les efforts nécessaires pour obtenir la marche parallèle et équilibrée des vaisseaux. Cette marche est, en effet, à la constitution des ordres et aux évolutions navales, ce que la marche mesurée et cadencée du soldat est aux écoles de peloton et de bataillon.

Par un dernier mot, j'insiste sur ce point que, pour rester dans les bornes qu'assigne au cadre de cette étude le titre que j'ai adopté, je me suis gardé de multiplier les applications. J'ajouterai d'ailleurs que la tactique systématique doit être modeste et que son unique mission d'incontestable et réelle utilité est remplie quand elle a libellé tout ce que la méthode peut produire pour alléger la tâche des capitaines dans la tenue de leurs postes et les grouper, à un moment donné et dans une disposition voulue, autour de leur chef. Elle ne peut s'affirmer d'avance au delà de cette limite et c'est des évènements seuls qu'elle reçoit, plus tard, sa consécration.

TACTIQUE NAVALE

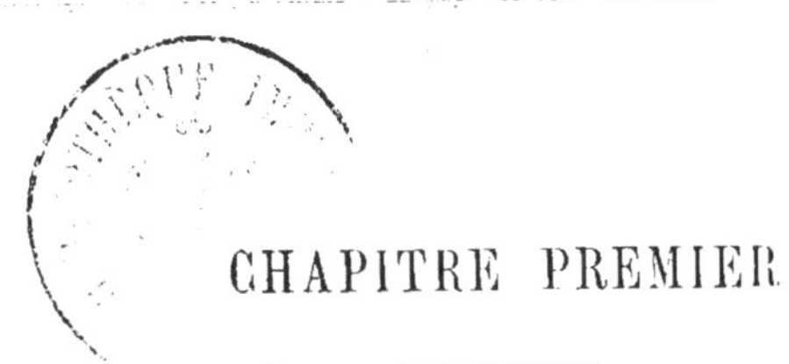

CHAPITRE PREMIER

DE LA MARCHE PARALLÈLE ET ÉQUILIBRÉE

§ 1er.

L'élément primordial, la base fondamentale de la navigation de conserve, et, conséquemment, de toute tactique navale, est la *marche parallèle et équilibrée*.

Cette formule si simple renferme la plus sérieuse des difficultés à surmonter pour faire marcher et évoluer, avec sécurité et précision, des vaisseaux groupés dans un ordre quelconque.

§ 2.

La marche des vaisseaux est, en effet, influencée par tant de causes insubordonnées et capricieuses, que les moyens dont dispose le capitaine pour réaliser la marche parallèle et équilibrée ne sont jamais d'une efficacité absolue ; mais avec beaucoup de méthode et de coup-d'œil, on peut approcher très-près du but et renfermer les oscillations de la marche dans des limites pratiquement acceptables.

Toutefois, ce vice originel oblige à beaucoup de circonspection : rarement il permet de formuler des prescriptions absolues ; le plus souvent la règle doit être élastique, et, parfois même, des limites seulement peuvent être posées.

§ 3.

Les instruments usités pour obtenir le parallélisme des routes sont le compas et le gouvernail ; ceux employés pour obtenir l'équilibre des vitesses sont les appareils moteurs.

Nommer ces instruments et rappeler que certaines causes perturbatrices de la marche régulière échappent à toute prévision, c'est reconnaître l'imperfection inévitable — quant à présent du moins — des méthodes les plus ingénieuses, recommandées pour l'obtenir, et faire appel à l'habileté professionnelle des capitaines pour contrôler la règle et la suppléer au besoin.

Cette attribution est sans doute très-large ; mais elle est nécessaire, et elle n'est d'ailleurs que la légitime conséquence de la responsabilité des capitaines qu'il importe de laisser intacte.

Après avoir établi ainsi la suprématie du coup-d'œil sur la méthode — suprématie qui s'étend à la généralité des cas réglementés — il ne sera plus fait mention, dans ce qui va suivre, du droit d'initiative des capitaines, parce que la tactique a précisément pour but de substituer à cette initiative entachée des erreurs inhérentes à des appréciations diverses, des règles uniformes et précises.

§ 4.

Quand la nuit survient, ou — ce qui est plus grave encore — quand la brume intercepte la vue, le coup-d'œil chancelle pour aboutir à l'impuissance à l'instant même où la cécité commence.

Alors apparaît dans tout son éclat l'importance de la

méthode, afin de réaliser un état assez voisin de l'harmonie pour sauvegarder la sûreté des vaisseaux.

Cette considération doit rendre les capitaines très-circonspects et les engager à agir en temps normal, comme ils sont contraints à le faire en temps de brume, c'est-à-dire à ne rien négliger pour produire méthodiquement la marche parallèle et équilibrée, et pour réduire ainsi la tâche du coup-d'œil à ce qui est inévitablement de son ressort : le soin de contrôler la règle et de la suppléer au besoin.

§ 5.

Le coup-d'œil, pour percevoir, réclame des points de repère qu'il faut s'ingénier à trouver, à créer et même à multiplier.

Ses indications seraient sans utilité si le capitaine n'était en possession d'un moyen de faire agir à sa volonté ceux qui tiennent la barre du gouvernail, ceux qui conduisent la machine.

Enfin, pour que l'action du coup-d'œil soit efficace, il faut que l'effet qu'il réclame puisse être produit, c'est-à-dire que les organes des machines se prêtent à la rapidité d'exécution, à la flexibilité du mouvement.

§ 6.

Quand un vaisseau n'a aucun point de repère pour percevoir ses écarts de direction, et qu'ainsi, il est contraint à s'en rapporter aux indications de son compas, il est dans de mauvaises conditions, parce que les compas ne sont ni assez sensibles, ni assez précis dans leurs indications, pour assurer le parallélisme constant des routes. Conséquemment, tout vaisseau doit, par des mesures d'angles, contrôler son compas et se procurer de la sorte des avertissements précédant ceux que la boussole lui donnerait trop tard.

Si le compas doit être généralement écarté comme instrument indicateur des oscillations de la direction, il reste seul habile à donner cette direction qui est la moyenne de toutes les oscillations. C'est d'après cette donnée que chaque vaisseau estime sa route.

§ 7.

La difficulté de maintenir le parallélisme des routes, quand la direction est droite, s'aggrave singulièrement quand elle devient courbe ; parce qu'alors, il faut une telle simultanéité d'exécution, une telle précision dans la durée uniforme du temps employé à mettre, du bord voulu, des quantités de barres équivalentes, que le résultat s'en ressent et n'est, en général, qu'une approximation médiocrement satisfaisante.

Eviter les courbes, réduire au minimum celles qui sont forcées : telle est la règle que la pratique conseille.

§ 8.

Quand les bâtiments sont de types rapprochés et suivent des routes parallèles, on peut établir en principe — nonobstant ce qui a été dit §§ 2 et 3 — qu'à égalité de vitesse, il y a rapport constant entre les nombres de tours d'hélice fournis par les machines.

Ce fait, que l'expérience a révélé et que la pratique de chaque jour confirme, a une très-grande importance; il permet, en effet, de substituer l'allure des machines à la vitesse des vaisseaux dans la recherche de l'équilibre des vitesses, et de différencier ces vitesses dans la mesure réclamée par les évolutions, en différenciant les nombres de tours d'hélice, ce qui est toujours facile.

§ 9.

La marche de conserve, comme toutes les harmonies de quelque nature qu'elles soient, ne peut s'établir, ni se maintenir sans un terme de comparaison, sans un régulateur conventionnel.

C'est au vaisseau-amiral que ce rôle incombe légitimement ; c'est lui qui peut le remplir le plus utilement.

Conséquemment, l'allure de sa machine, l'angle de son gouvernail servent de mesure commune, et son compas fait loi, sauf en ce qui touche l'estime de la route.

§ 10.

Mais, comme dans quelques circonstances et notamment pendant la durée de certaines évolutions, il peut être avantageux de confier le rôle de régulateur à quelqu'autre vaisseau, il importe que tous connaissent, aussi approximativement que possible, quel est le nombre de tours de leur hélice, quel est l'angle de leur gouvernail qui équivaut à un nombre déterminé de tours de l'hélice, à un angle donné du gouvernail du vaisseau-amiral; et aussi quelle est la rectification à faire à leur compas pour que ses indications cadrent avec celles du compas de l'amiral.

Tous les ordres de l'amiral étant, en effet, rapportés à son vaisseau, tout autre vaisseau qui est accidentellement régulateur doit, pour remplir ses intentions, mettre sa machine à l'allure, sa barre au point, ou sa route au rhumb nécessaires pour que le vaisseau-amiral, momentanément subordonné, fournisse, aussi exactement que possible, ce qu'a demandé l'amiral.

La connaissance de ces trois éléments, coefficient de marche, coefficient de giration, et correction des compas, est, d'ailleurs, extrêmement précieuse pour tout vaisseau subordonné; car ils lui fournissent un moyen certain d'approcher beaucoup de la marche parallèle et équilibrée, sans passer par de longs tâtonnements.

§ 11.

Le coefficient de marche se déduit de comparaisons suffisamment prolongées, faites de préférence en ordre de front, parce que c'est celui dans lequel les moindres écarts de vitesse se perçoivent instantanément.

Il suffit, pour l'obtenir, de diviser le nombre constaté des tours fournis par la machine du vaisseau-amiral par celui qui a fait parcourir le même espace au vaisseau dont on cherche le coefficient de marche.

Cette expérience n'occasionnant aucun trouble, l'amiral doit la faire renouveler très-fréquemment ; pour cela il lui suffit de donner l'ordre de signaler de dix en dix minutes le nombre de tours d'hélice.

Au vu de ces nombres, chaque vaisseau confirme ou modifie son coefficient de marche.

§ 12.

En rangeant les vaisseaux en ordre circulaire, par un beau temps, de manière que vent et mer ne produisent que des effets négligibles, et en faisant varier de dix en dix degrés l'angle de barre du vaisseau-amiral, on obtient facilement le coefficient de giration de chacun d'eux.

Pour cela, il suffit de constater l'angle de barre qui maintient chaque vaisseau sur le cercle, lorsqu'on est parvenu à ne plus toucher à la barre.

§ 13.

Afin de procurer à chaque vaisseau la facilité de trouver la correction à faire aux indications de son compas pour le mettre d'accord avec celui du régulateur normal, l'amiral fait gouverner les vaisseaux, rangés en ligne de file, successivement aux huit principaux rhumbs de vent.

Chacun prend note des écarts à droite ou à gauche observés à ces différents rhumbs du compas du vaisseau-amiral.

§ 14.

Le vaisseau régulateur donne la direction et la mesure de la marche.

Cette mesure est la vitesse — quelle qu'elle soit — imprimée au vaisseau-amiral par sa machine fournissant, par chaque dix minutes, le nombre de tours d'hélice signalé, sans l'assistance d'aucune voile et pendant les intervalles de temps où la barre du gouvernail est droite ou fixée dans une position déterminée.

Pendant la durée des mouvements giratoires, ce serait jeter un grand trouble dans la conduite des machines que de chercher à compenser instantanément l'influence retardatrice du gouvernail par une augmentation de pression ou d'introduction : pendant ces courts moments, le régulateur doit se borner à maintenir la pression et l'introduction. L'allure de la machine devient ce qu'elle devient, et cela n'a pas d'importance, parce que tous les bâtiments devant traverser la même phase simultanément ou à des intervalles de temps très-rapprochés, la même cause produit des effets si sensiblement les mêmes, que l'harmonie n'est pas troublée.

Ainsi, le rôle de régulateur, à ce dernier point de vue, est tout entier dans l'habileté à imprimer aux pistons de la machine un mouvement isochrone pendant tout le temps que la route reste droite.

§ 15.

Tout vaisseau subordonné doit maintenir sa vitesse en équilibre et s'astreindre à suivre la direction donnée par le régulateur; c'est-à-dire que le subordonné, même alors qu'une route a été signalée, doit marcher exactement dans le sillage du régulateur, si l'on est en ligne de file, ou parallèlement à lui, si les vaisseaux doivent se relever suivant un rhumb autre que celui de la route.

Ainsi, pour tout vaisseau subordonné, la route signalée n'est qu'un renseignement, mais un renseignement essentiel et précieux; en ce sens que la direction qu'elle donne se rapproche beaucoup de celle qui doit être effectivement suivie.

§ 16.

Des vaisseaux ne justifient la qualification de *bâtiments de ligne* et ne peuvent effectivement entrer utilement en ligne qu'alors qu'ils ont été suffisamment exercés à la marche parallèle et équilibrée, et qu'ainsi ils sont devenus habiles à être régulateurs ou subordonnés.

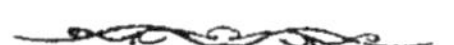

CHAPITRE II

ORDRES SIMPLES

§ 17.

Des vaisseaux de ligne, qu'ils soient constitués en division, en escadre ou même en armée, forment un ordre simple quand ils sont tous rangés sur une ligne droite ou circulaire.

§ 18.

Cette ligne, quand elle est droite, est le gisement de l'ordre ; la direction parallèle que suivent les vaisseaux est la route.

Le gisement est déterminé par un alignement que jalonne un vaisseau spécialement chargé de ce soin.

La route est invariablement indiquée par le compas du vaisseau-amiral.

§ 19.

Quand la ligne est circulaire, il n'y a pas de route; chaque vaisseau gouverne de manière à se maintenir constamment sur le cercle sur lequel ils doivent être tous rangés.

Cet ordre, usité pour déterminer le coëfficient de giration, ne peut être utilement pris que par une belle mer et une faible brise.

Dans ce cas, il peut encore être avantageusement tenu pour stationner sur un point sans faire stopper aucun vaisseau.

§ 20.

L'ordre simple rectiligne est dit :

Ligne de file : quand le gisement et la route se confondent.

Ligne de front : quand le gisement est perpendiculaire à la route.

Ligne de flanquement : quand le gisement fait avec la route un angle de 1, 2, 3 ou 4 quarts.

Ligne de relèvement : quand le gisement fait avec la route un angle de 5, 6 ou 7 quarts.

§ 21.

Les lignes de flanquement sont dites *lignes de chasse* ou *de retraite*, suivant que les vaisseaux sont rangés en ordre naturel (fig. 7 et 8) ou en ordre renversé (fig. 5 et 6).

Les lignes de chasse ou de retraite sont dites lignes de chasse ou de retraite 1, 2, 3 ou 4 quarts tribord ou bâbord, suivant que le gisement fait avec la route un angle de 1, 2, 3 ou 4 quarts et que le côté flanqué par le matelot d'arrière est le côté de tribord (fig. 5 et 8) ou celui de bâbord (fig. 6 et 7).

§ 22.

Toute ligne a sa ligne symétrique; c'est-à-dire une ligne sur laquelle les vaisseaux sont rangés en ordre inverse : la première est dite *en ordre naturel*, et la seconde, *en ordre renversé* (fig. 1, 2, 3, et 4).

En ordre naturel, le vaisseau-amiral ou son vaisseau de remplacement occupe la tête de la ligne (fig. 1) ou la droite si le gisement est perpendiculaire à la route (fig. 3) ; les autres vaisseaux sont rangés à la suite ou à la gauche dans l'ordre de leurs numéros ou dans tel autre ordre qu'il a pu convenir à l'amiral de substituer temporairement à celui des numéros.

En ordre renversé, c'est l'inverse : le vaisseau-amiral ou son vaisseau de remplacement occupe la queue de la ligne (fig. 2) ou la gauche (fig. 4) et les autres vaisseaux sont en avant de son travers ou à sa droite.

§ 23.

Sur toutes les lignes parallèles, quelles qu'elles soient, les vaisseaux doivent être équidistants. Conséquemment, la position de chacun d'eux, par rapport au régulateur, est déterminée par un alignement et une distance égale à l'intervalle adopté par l'amiral ou à un multiple de cet intervalle.

Toutefois, les oscillations inévitables de la marche ne permettant pas de prétendre à une précision mathématique, la position théorique qui vient d'être définie et vers laquelle doivent tendre sans cesse tous les vais-

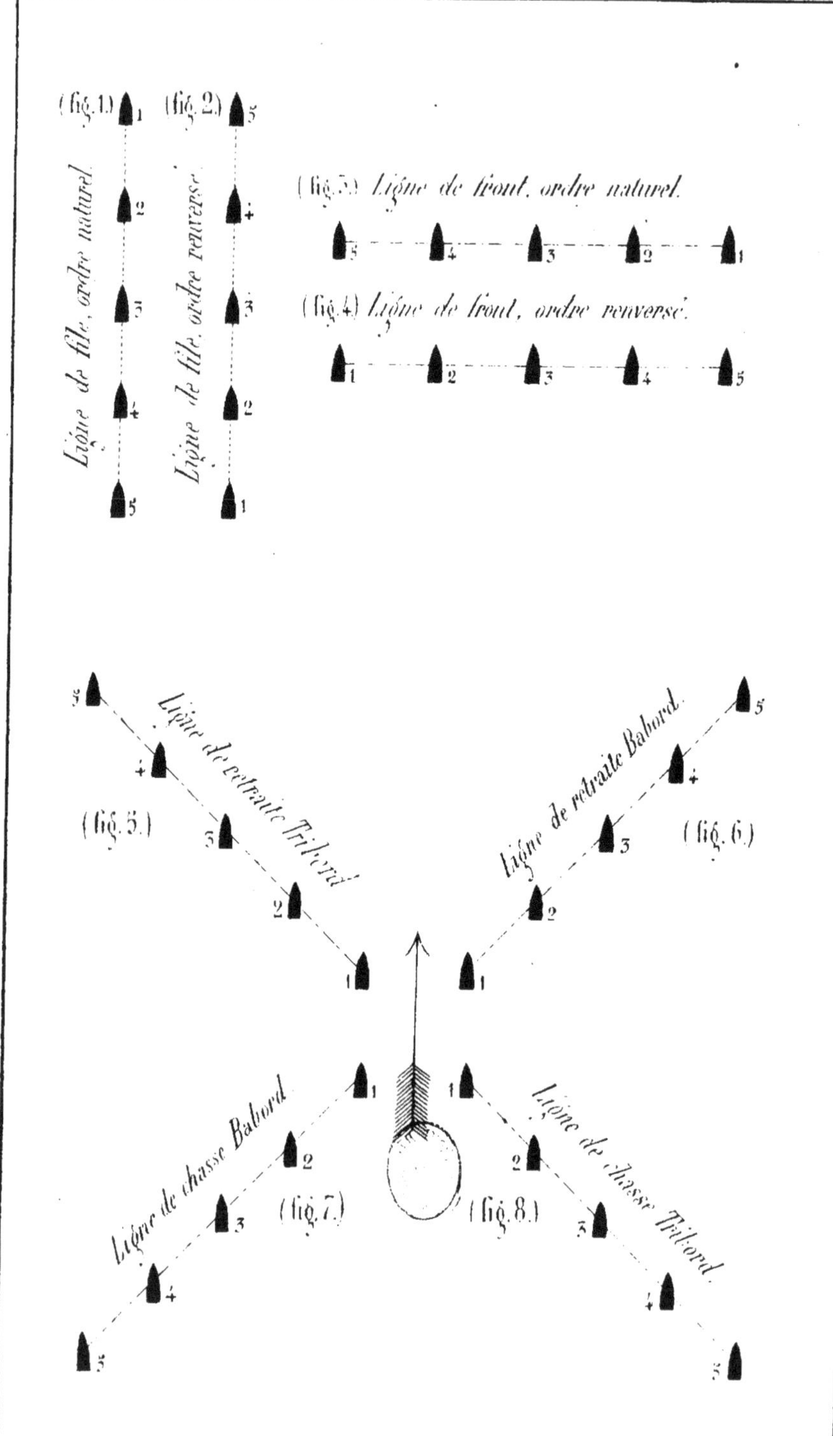
(fig. 1)
Ligne de file, ordre naturel.
(fig. 2)
Ligne de file, ordre renversé.
(fig. 3) Ligne de front, ordre naturel.
(fig. 4) Ligne de front, ordre renversé.
Ligne de retraite Tribord
(fig. 5.)
Ligne de retraite Babord.
(fig. 6.)
Ligne de chasse Babord
(fig. 7.)
(fig. 8.)
Ligne de chasse Tribord.

seaux, n'est pas ce que l'on doit entendre par *le poste d'un vaisseau*.

Ce poste est quelque chose de plus élastique : c'est un état oscillant dans des limites que fixent l'objet en vue et les conditions de la marche.

§ 24.

Les oscillations d'un vaisseau autour de son poste théorique se décomposent en écarts perpendiculaires au gisement, et en écarts suivant ce gisement : en d'autres termes, en écarts d'alignement et en écarts de distance.

Les écarts d'alignement ne peuvent résulter en ligne de file, que de l'inhabileté des timoniers; tandis que ceux de distance sont produits directement et instantanément par les oscillations de la vitesse.

En ligne de front, c'est justement le contraire.

Enfin, en lignes de relèvement ou de flanquement, les deux causes concourent pour produire chacun des écarts ; mais leur influence varie. La première, l'inhabileté à gouverner, se fait surtout sentir sur les écarts d'alignement, tant que la ligne sur laquelle sont rangés les vaisseaux se rapproche de la ligne de file ; la seconde, les oscillations de la vitesse, devient prédominante sur ces mêmes écarts d'alignement, quand l'ordre se rapproche de la ligne de front. L'influence sur les écarts de distance est précisément le contraire.

Il résulte de là qu'en ligne de file et même dans les ordres qui se rapprochent de cette ligne, il ne doit point y avoir d'écarts sensibles d'alignement, parce qu'il est facile d'obtenir des routes suffisamment droites. La même cause doit rendre négligibles les écarts de distance en ligne de front et dans les lignes qui s'en rapprochent.

Il n'en est pas de même des écarts produits par les oscillations de la vitesse. Les obstacles que l'on a à surmonter pour équilibrer les marches peuvent faire dépasser à ces écarts les limites que comportent les circonstances mentionnées au paragraphe précédent.

§ 25.

Le combat réclame des ordres serrés, des évolutions sûres et promptes. En pareille occurrence, il ne saurait être question d'économie de combustible, d'intervention du moteur à voiles; d'un autre côté, on ne se bat guère quand la mer paralyse les canons, quand la nuit, ou la brume intercepte la vue. Tout concourt donc, en cas de combat, pour rendre nécessaire et en même temps possible, la limitation étroite des écarts. Dans le cours de la navigation, au contraire, des considérations de divers ordres militent en faveur d'une grande élasticité; c'est la nécessité d'économiser le combustible, la convenance d'utiliser les voiles; c'est l'intérêt de ne pas perdre de temps en rectifications d'ordres, l'obligation de marcher la nuit, et même par un temps de brume, etc.

Il faut donc distinguer : en ordres de combat, de préparation au combat, de manœuvre, et génériquement en ordres de précision, les limites des oscillations doivent être étroites; en ordres de navigation (chap. V) ces limites peuvent être larges.

§ 26.

En ordres de précision, deux considérations réclament une limitation étroite des écarts de distance.

D'abord, c'est la sûreté des vaisseaux : la coïncidence de deux écarts d'un demi-intervalle seulement, en sens contraire, suffirait en effet pour occasionner un abordage si, pour conjurer une éventualité à ce point redoutable, on ne rendait pas médiate la subordination en distance; c'est-à-dire, si on n'établissait pas en principe que chaque vaisseau est astreint à tenir compte de la position de son voisin du côté du régulateur.

Ensuite, c'est la cohésion et la solidité de la ligne : en rendant, en effet, chaque vaisseau solidaire de l'impuissance ou des fautes de tous ceux qui sont placés entre lui et le régulateur, la subordination médiate qui vient d'être établie rendrait bientôt impossible la tenue de son poste pour tout vaisseau éloigné du régulateur, s'il n'y avait à cette subordination un tempérament et une limite.

Le tempérament consiste à n'astreindre normalement aucun vaisseau à se maintenir à une distance égale à l'intervalle signalé, de celui de ses matelots auquel il est secondairement subordonné, et à lui laisser, au contraire, latitude suffisante pour se maintenir à la distance à laquelle il doit être du régulateur, aussi longtemps qu'il le peut faire sans danger d'abordage.

La limite est le moment où le matelot auquel chaque vaisseau est subordonné tombe hors de son poste : il ne faut pas que l'impuissance ou la faute d'un seul vaisseau puisse entraîner loin de leurs postes et peut-être même loin de l'armée les vaisseaux qui le suivent dans la ligne.

§ 27.

Si, pendant la marche, la sûreté des vaisseaux est suffisamment garantie par la subordination médiate en distance, il n'en est plus de même dès qu'il faut évoluer. Alors les écarts d'alignement deviennent de beaucoup les plus fâcheux : ils troublent tellement l'ordre qu'ils peuvent faire hésiter le commandement et même paralyser son action; car on ne peut évoluer avec sécurité, qu'à la condition expresse que chaque vaisseau soit effectivement à son poste ou tout au moins, en soit si rapproché que l'écart puisse être négligé.

La limite de cet écart négligible ne peut être fixée d'une manière invariable : elle dépend de l'intervalle qui sépare les vaisseaux, de l'amplitude du mouvement giratoire ordonné, etc.

C'est donc à l'amiral qu'incombe le soin de la déterminer; il le fera en tenant compte de l'état du temps, des lieux où l'armée se trouve, de l'habileté des capitaines, de la docilité et de la flexibilité des appareils moteurs, et, en général, de toutes les circonstances qui sont de nature à influer sur sa décision.

§ 28.

Un vaisseau tombe hors de son poste :

En alignement : quand il s'écarte de la ligne qui joint les grands mâts du régulateur et du jalonneur au-delà de la limite posée par l'amiral.

En distance : quand il fait obstable à ce que le vaisseau qui lui est subordonné puisse parvenir, sans danger d'abordage, à la distance à laquelle il doit être du régulateur.

§ 29.

Le fait de la chute d'un vaisseau hors de son poste ayant pour conséquence immédiate la cessatión de la subordination à laquelle était assujetti vis-à-vis de lui celui de ses matelots placés du côté opposé au régulateur, et créant pour ce vaisseau lui-même une nouvelle situation avec des devoirs différents et une responsabilité plus lourde, il importe grandement que ce fait soit établi de manière à ne laisser place à aucune divergence d'appréciation et qu'il soit constaté ostensiblement.

C'est au vaisseau tombé hors de son poste qu'il convient de laisser l'initiative de la reconnaissance du fait, sous le contrôle de l'amiral, qui, au besoin, l'établirait.

Le vaisseau tombé hors de son poste doit porter en tête de son grand mât le signal convenu et ne l'amener qu'alors qu'il a repris sa position en ligne.

§ 30

Tout vaisseau tombé hors de son poste, le cas de force majeure excepté, est responsable des conséquences de cet écart et doit manœuvrer pour rentrer en ligne dans le plus court délai possible.

Pour atteindre ce but, toute liberté de manœuvre lui est laissée, mais à la condition expresse d'être très-attentif à ne pas se maintenir sur la route du vaisseau qui lui était antérieurement subordonné, et à n'en gêner aucun autre de quelque manière que ce soit.

Allant plus loin : au moment où l'amiral signale une évolution, le vaisseau tombé hors de son poste ne doit pas hésiter, s'il y a lieu, à s'éloigner, même encore plus qu'il ne l'est déjà, du point où il devrait être, pour dégager le terrain et ne laisser à l'amiral aucune préoccupation à l'endroit du danger qu'éventuellement il pourrait créer dans le cours du mouvement qui va s'opérer.

Si la chute hors du poste résulte d'une avarie ou de toute autre cause rendant le vaisseau impuissant à reprendre et tenir son poste, il doit en informer immédiatement l'amiral qui avise.

En attendant, le vaisseau fait tous ses efforts pour se maintenir dans la meilleure position possible ou tout au moins, à la queue de la ligne.

§ 31.

Au moment où cesse pour un vaisseau sa subordination vis-à-vis de celui de ses voisins qui vient de tomber hors de son poste, commence pour lui une nouvelle sujétion.

A partir de cet instant, ce vaisseau doit se guider, en ce qui concerne la distance, sur le vaisseau le plus rapproché de lui du côté du régulateur; mais il ne doit serrer les rangs que si le vaisseau tombé hors de son poste reçoit l'ordre de ne pas le reprendre. Dans le cas contraire, il doit laisser libre la place que ce vaisseau occupait, afin qu'il puisse y revenir à son aise.

CHAPITRE III

FORMATIONS ET ÉVOLUTIONS

§ 32.

Dans tous les cas de formation ou d'évolution, il importe que le vaisseau-amiral ne soit enchaîné par aucune sujétion susceptible de distraire l'attention du commandant en chef de l'objet qu'il a eu en vue, en prescrivant le mouvement.

Conséquemment, et à moins que de fortes raisons ne réclament une dérogation, il convient de préférer les méthodes, qui, laissant généralement le vaisseau-amiral suivre sa route, ne lui imposent que de légers écarts.

Dans le cours de la navigation, l'estime de la route est grandement intéressée à ce qu'il en soit ainsi.

En présence de l'ennemi, la rapidité et la flexibilité des manœuvres propres à jeter du trouble dans ses rangs, afin de pouvoir le frapper victorieusement, exigent impérieusement une grande indépendance pour le vaisseau-amiral; il faut que les autres vaisseaux gravitent autour de lui sans engendrer de préoccupation sérieuse pour le commandant en chef.

§ 33.

Si, en cherchant à dégager le vaisseau-amiral de toute sujétion gênante, on perdait de vue l'intérêt considérable qu'il y a à rendre simple et facile le rôle des vaisseaux subordonnés, on n'échapperait à un écueil que pour tomber sur un autre.

Aux vaisseaux subordonnés, il ne faut demander ni mouvements giratoires multipliés et excessifs, ni écarts de vitesse dépassant 50 % de celle du régulateur ramené à une allure permettant cet écart, ni surtout une suspension de mouvement par le moyen d'un stoppage.

Il est toujours fâcheux, il peut même, dans certains cas, être dangereux de faire stopper des vaisseaux en ligne : les cylindres se refroidissent, la vapeur se condense, et des avaries peuvent en être la conséquence.

Des vaisseaux, d'ailleurs, ne doivent jamais cesser d'être vivants; il importe qu'ils puissent, éventuellement, se mouvoir dans tous les sens.

§ 34.

Enfin, on agira sagement en écartant sans hésitation toute méthode qui, faisant au coup-d'œil une part trop large, laisse subsister le vague là où doit dominer la précision.

Il faut que chaque capitaine sache exactement la route que suivent, l'allure à laquelle marchent tous les autres vaisseaux : cette connaissance lui est indispensable pour diriger son propre vaisseau avec la résolution qui est la sauvegarde de tous.

Telles sont les considérations qui ont déterminé le choix des méthodes qui vont être exposées.

§ 35.

Quand après un appareillage ou, dans toute autre circonstance, où l'armée se trouve sans ordre, l'amiral veut la former en ligne de file, il le prescrit par un signal qui indique en même temps l'ordre dans lequel les vaisseaux doivent se ranger (ordre naturel, ordre renversé ou prompte formation).

A l'instant où le signal s'amène, le vaisseau-amiral — s'il n'y est déjà — se range à la route donnée et met sa machine à une allure telle que les autres vaisseaux puissent parvenir à leurs postes respectifs.

Chacun de ces derniers vaisseaux manœuvre pour arriver le plus vite possible au poste qui lui a été assigné ou à celui qu'il croit pouvoir atteindre, s'il s'agit d'une prompte formation. Aucun ne doit perdre de vue l'obligation générale de se conformer avec une scrupuleuse attention aux règles édictées pour prévenir les abordages, et — dans les cas particuliers d'ordre naturel ou d'ordre renversé — la convenance de ne gêner aucun des vaisseaux qui, une fois en ligne, se trouveront plus rapprochés ou plus éloignés que lui du régulateur.

En ligne de file, il n'y a pas de vaisseau jalonneur ; les mâts du régulateur, tenus l'un par l'autre, suffisent pour tracer le gisement.

Après une prompte formation, la ligne est encore en ordre naturel ou en ordre renversé, suivant que l'amiral occupe la tête ou la droite, la queue ou la gauche, et cela, nonobstant la perturbation apportée par la prompte formation dans l'ordre des numéros.

§ 36.

Si l'amiral voulait former directement une quelconque des autres lignes, il le pourrait certainement, par un procédé analogue à celui qui vient d'être décrit. Mais il est généralement plus commode et même plus avantageux de former d'abord une ligne de file gouvernant suivant le gisement de l'ordre; puis, cela fait, d'achever la formation en faisant venir les vaisseaux à la route donnée par un mouvement tout à la fois.

Ce dernier mouvement doit être exécuté avec la plus grande simultanéité possible, au moment même où le signal qui le prescrit, se détache de la pomme du grand mât du vaisseau-amiral.

A moins d'ordre contraire, chaque vaisseau doit employer la quantité de barre équivalente à la totalité de la barre du vaisseau qui décrit le plus grand cercle en tournant, et quelle que soit cette quantité, tous doivent mettre le même temps à manœuvrer leur barre, de telle sorte que le mouvement giratoire commence et s'arrête au même instant (§§ 7, 12, 14).

Cette règle est générale pour tous les cas de l'espèce, et on doit s'y conformer d'autant plus rigoureusement, que les vaisseaux sont plus rapprochés les uns des autres; car la sécurité repose sur l'identité des courbes de giration et la simultanéité du mouvement.

§ 37.

Un ordre étant formé, il n'est pas sans difficulté de le maintenir régulier; conséquemment rien ne doit être négligé pour atteindre ce but.

D'abord, il faut que le régulateur imprime aux pistons de sa machine des oscillations isochrones, qu'il gouverne droit et, lorsque la direction change, qu'il trace invariablement des courbes identiques.

Il importe que la régularité de ses mouvements soit parfaite et évidente pour tous ; c'est-à-dire qu'il doit signaler tout ce qui, susceptible d'influencer son allure, ne peut être directement aperçu par ses subordonnés et notamment ses fautes, s'il en commet; car des effets dont les causes restent ignorées, exercent une très-fâcheuse influence et engendrent l'indécision qui produit les acoups.

D'un autre côté, il faut que les vaisseaux subordonnés soient très-prompts à percevoir leurs écarts, afin de les arrêter à leur naissance en modérant ou accélérant leur marche par un mouvement si doucement gouverné qu'il vienne mourir à la limite où l'équilibre se produit.

Cette promptitude de perception et cette habileté à se maintenir à son poste sont surtout nécessaires chez le jalonneur afin de limiter, autant que possible, les oscillations angulaires de l'alignement qu'il trace. Conséquemment, c'est au vaisseau le plus exercé à tenir son poste qu'il convient de confier cette fonction.

Si, malgré ce choix, les écarts angulaires venaient à dépasser des limites acceptables, l'amiral, en désignant un autre vaisseau pour jalonneur momentané, éviterait facilement les conséquences fâcheuses d'une faute du jalonneur normal.

Un alignement, même oscillant, est au surplus infiniment préférable à une série de relèvements nécessairement discordants; car ainsi, les vaisseaux peuvent être alignés, et c'est ce qui importe le plus.

Un écart angulaire du gisement, fût-il d'un quart, dans un sens ou dans l'autre, ne peut jamais avoir de conséquences bien fâcheuses.

Enfin, il n'est pas indifférent de choisir tel ou tel vaisseau pour régulateur et tel autre pour jalonneur.

En lignes de flanquement et de relèvement, c'est le chef de file qu'il convient de désigner généralement pour régulateur et le serre-file pour jalonneur.

En ligne de front le régulateur pourrait être avantageusement placé au centre et, dans ce cas, le jalonneur occuperait l'une ou l'autre des deux ailes.

§ 38.

Avant d'exécuter une évolution, il est toujours sage — quand il y a lieu et qu'on en a le loisir — de rectifier l'ordre actuel, parce que la régularité de cet ordre est la garantie la plus sérieuse que l'on puisse se procurer contre tout mécompte et tout accident.

Après avoir rectifié la position du jalonneur ou lui avoir substitué momentanément celui des autres vaisseaux, qui est dans la meilleure position pour le suppléer, l'amiral fait hisser au grand mât de son vaisseau le pavillon de rectification.

Au même instant le jalonneur normal ou le vaisseau qui lui a été substitué, hisse à bloc ce même pavillon.

Alors les autres vaisseaux rectifient leur position par un mouvement susceptible d'arrêt sans acoups, au moment où ils arrivent à leurs postes respectifs, c'est-à-dire à être exactement alignés et équidistants.

Ces deux conditions doivent être remplies quand il s'agit d'évoluer, et il ne faut pas user de la faculté ouverte par le quatrième alinéa du paragraphe 26.

Pendant tout le temps que dure la rectification, les vaisseaux subordonnés conservent le pavillon de rectification hissé à la hauteur des barres, quand ils ne sont pas à leur poste, et à bloc, quand ils y sont.

§ 39.

Toute formation a pour conséquence d'enchaîner les vaisseaux les uns aux autres; conséquemment, à partir de l'instant où des vaisseaux se trouvent rangés en ordre, une simple inversion nécessite une évolution; c'est la première :

Soit qu'il s'agisse de substituer l'ordre naturel à l'ordre renversé, ou l'ordre renversé à l'ordre naturel, l'amiral range invariablement ses vaisseaux en ligne de file, sur la ligne du gisement, en les faisant venir tous à la fois sur cette ligne (§ 36).

Cela fait, le chef de file vient de 16 quarts à droite ou

à gauche, suivant l'ordre de l'amiral, et prolonge à contre bord le gisement de l'ordre.

Chaque vaisseau exécute le même mouvement au point même où le chef de file a fait le sien, trace la même courbe et se maintient exactement dans les eaux de son matelot d'avant.

Aussitôt que le serre-file a achevé son mouvement, l'amiral ramène tous ses vaisseaux à la route par un mouvement tout à la fois (§ 36) et ainsi le but se trouve atteint.

§ 40.

Dans quelque ordre que des vaisseaux soient rangés, sur l'une quelconque des lignes de l'ordre simple rectiligne, si l'on veut passer d'une ligne à l'autre, sans modifier la route, il faut nécessairement modifier le gisement.

L'évolution qui a pour but ce changement de gisement — la route restant la même — est la plus importante de toutes, parce qu'elle est l'élément fondamental, le pivot, si l'on peut s'exprimer ainsi, de toutes les autres évolutions; à ce point de vue, elle mérite une attention spéciale, car elle comporte plusieurs solutions diversement appréciées.

Dans certains cas, la méthode, dite par la contre-marche, conduit si simplement et si sûrement au but qu'aucune controverse n'est possible ; mais, en en généralisant trop l'emploi, comme semble l'avoir fait la tactique officielle, on a introduit des causes de retard, quelquefois même des dangers qui ont donné lieu à des critiques fondées et à la préconisation d'autres méthodes.

Le système qui conduit les vaisseaux sur leur nouveau gisement, en leur faisant suivre des lignes ondulées, peut être ingénieux; mais, avec des vaisseaux habiles à décrire des cercles à rayons déterminés et à s'animer de vitesses assez flexibles pour parcourir dans des temps égaux des distances inégales, on peut se demander s'il est rationnel de reculer devant les difficultés que présente la méthode plus prompte et plus directe, qui consiste à substituer des évolutions en ligne oblique aux évolutions par le flanc, lorsque celles-ci cessent de présenter des avantages incontestés.

La méthode qui conduit tous les vaisseaux à la fois sur le nouveau gisement, en laissant chacun libre de chasser son poste a, en effet, sur la méthode précédente l'avantage, de tout temps reconnu, de faire parcourir aux vaisseaux les plus courtes distances; mais elle réclame une diversité de vitesses et de routes non moins difficile à réaliser dans la pratique que ne l'est la flexibilité d'allures que supposent les nouvelles bases recommandées par l'amiral Boutakoff.

L'extrême difficulté que l'on rencontre pour conserver l'alignement des vaisseaux pendant une conversion, évolution qui n'est que la plus simple des applications de la méthode, dite de la chasse du poste, puisque les routes sont parallèles, est une preuve si saisissante de ce qui vient d'être énoncé, qu'on ne doit pas hésiter à écarter les méthodes dites *des coordonnées*, *de la chasse du poste* et, voire même, celle dite *par conversion*.

On doit d'autant moins hésiter qu'il est possible d'éviter les écueils que ces méthodes présentent sans cesser de tendre vers le but qu'on a poursuivi de tout temps quand on s'est occupé de tactique : Faire arriver sûrement à son poste, par le plus court chemin, le vaisseau qui a le plus grand espace à parcourir et conséquemment le seul dont il importe de n'allonger la route dans aucune mesure.

§ 41.

La méthode qui réalise ce progrès, peut être appelée, *Par file en gisement* (1), parce qu'au lieu de faire arriver tous les vaisseaux à la fois sur le nouveau gisement, elles les y conduit successivement ; mais elle leur fait prendre à tous la même vitesse et suivre la même route

(1) On trouve une application de cette méthode dans *la Tactique officielle* page 127, fig. 160 : « Passage de la ligne de file à l'ordre en colonnes au plus près du même bord que les amures. » J'en ai vu d'autres applications tracées dans un manuscrit de tactique américaine. L'idée n'est donc pas nouvelle ; mais son application nécessitait un moyen facile de déterminer l'angle d'obliquité. Ceci, je ne l'ai trouvé nulle part et c'est la pensée qu'il était pourtant aisé de lever cet obstacle qui a rendu, à mes yeux, la méthode praticable et m'a permis d'introduire des simplifications considérables dans les évolutions les plus importantes. Je m'étais

jusqu'au moment où, arrivant sur le nouveau gisement, chacun d'eux reprend successivement la vitesse et la route du régulateur. C'est cette uniformité de routes et d'allures qui constitue la supériorité de cette nouvelle méthode.

L'écart à établir entre la vitesse du vaisseau en chasse de son poste et celle du régulateur, est tantôt en moins, tantôt en plus, suivant que le nouveau gisement est plus rapproché ou plus éloigné de la route du côté du mouvement.

Pour que l'écart nécessaire soit toujours possible, il convient de le limiter à 50 °/₀ de l'allure du régulateur.

La conséquence est la limitation de l'emploi de la méthode aux cas où l'angle des deux gisements ne dépasse pas 90°, soit, par exemple, au passage de la ligne de file à la ligne de front. Dans ce cas extrême, il convient même d'employer le maximum d'écart afin de renfermer la durée de l'évolution dans des limites convenables.

Une fois l'écart de vitesse déterminé, l'angle d'obliquité qui correspond à cet écart se trouve instantanément au moyen de la *rose des gisements* ou, à son défaut, au moyen d'une table calculée à cet effet.

arrêté à l'idée d'une table analogue à celle avec laquelle on fait le point; mais, en cherchant la formule pour calculer cette table, M. Jaÿ, ingénieur de l'escadre, qui avait bien voulu se charger de ce travail, a très-heureusement imaginé de substituer à la table un instrument dont le précieux avantage est de donner, instantanément et sans interpolation, l'angle d'obliquité correspondant à l'écart de vitesse qu'il plaît d'adopter.

Le mode d'emploi de cet instrument est exposé, à la fin du volume, dans une note spéciale rédigée par M. Jaÿ lui-même.

Planche 2.

Fig. 9. Etant en ligne de file, ordre naturel, passer à une ligne de chasse tribord :
1
2
3
4
5
fig. 9.
1
2
3
4
5
Données de la figure.
Vitesse du régulateur 8"
Ecart de vitesse en plus 28 %.
Angle d'obliquité 21°.
Durée de l'évolution 9m 7.
Mode d'exécution § 42

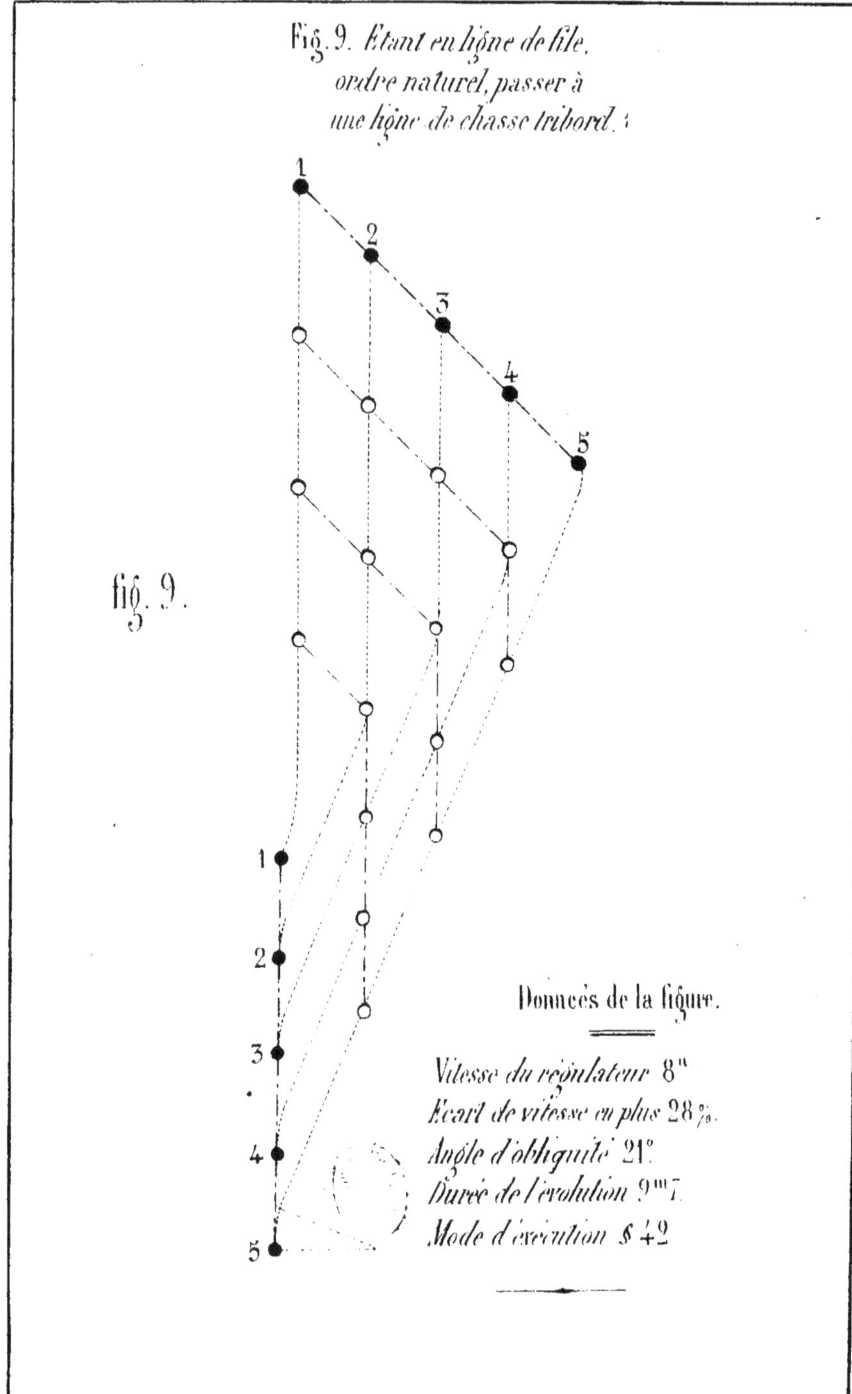

Fig. 10. *Etant en ligne de file, ordre naturel passer à une ligne de chasse babord.*

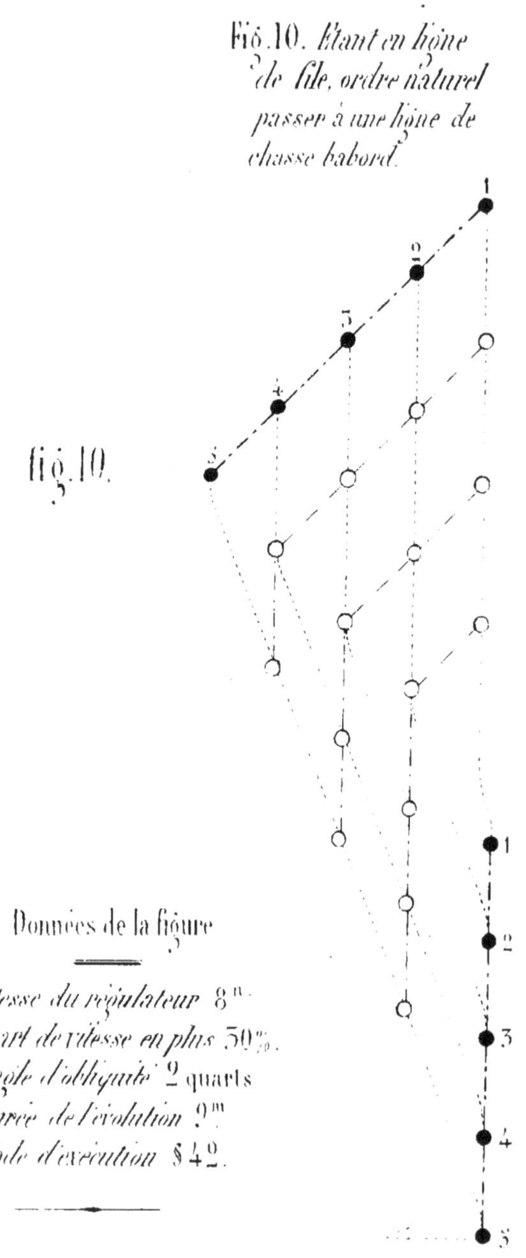

Données de la figure

Vitesse du régulateur 8 n.
Ecart de vitesse en plus 50%.
Angle d'obliquité 2 quarts
Durée de l'évolution 9 m.
Mode d'exécution § 42.

§ 42.

Ayant été déterminée la direction à suivre par le jalonneur à l'allure adoptée pour se rendre en ligne droite à son poste sur le nouveau gisement, la méthode par file en gisement devient d'une simplicité et d'une sûreté qui en recommandent l'emploi (fig. 9 et 10). Voici en quoi elle consiste.

L'amiral fait prendre à ses vaisseaux l'allure qu'ils devront conserver pendant tout le temps qu'ils resteteront sur le gisement actuel; puis il les fait obliquer tous à la fois vers le régulateur, ou du côté opposé, suivant que le nouveau gisement s'éloigne ou se rapproche de la perpendiculaire à la route, élevée du côté où se trouvent les vaisseaux.

Dès que ce mouvement a été exécuté, le régulateur revient à la route en augmentant ou diminuant le nombre de tours que fournit son hélice du tant pour cent nécessaire pour établir l'écart adopté, écart qui doit exister pendant toute l'évolution, entre la vitesse des vaisseaux parvenus sur le nouveau gisement et celle de ceux qui sont encore sur l'ancien.

Les autres vaisseaux continuent leur route oblique en se réglant sur le vaisseau n° 2; celui-ci, à l'instant où il va arriver sur le nouveau gisement, agit comme vient de le faire le n° 1, et le n° 3 devient à son tour le régulateur des vaisseaux en marche oblique. — Le mouvement continue ainsi jusqu'à ce que le dernier vaisseau soit arrivé à son poste.

Pour éviter toute préoccupation pendant la durée du mouvement giratoire qui, à l'instant où ils arrivent sur le nouveau gisement, ramène les vaisseaux à la route, il convient d'écarter l'emploi de la méthode par file en gisement chaque fois qu'il faudrait faire obliquer les vaisseaux d'un angle plus grand que celui que la route forme avec le gisement actuel, c'est-à-dire d'une quantité angulaire qui ferait passer leur cap de l'autre côté du gisement.

§ 43.

La méthode par la contre-marche décrite par le paragraphe 36, ou, plus correctement, la méthode par le flanc qui consiste à ranger les vaisseaux en ligne de file pour les conduire plus facilement sur le nouveau gisement, présente de tels avantages que, malgré les restrictions mises à son emploi, elle reste d'un usage fréquent : cela va ressortir des paragraphes suivants.

Planche 4.

Fig. 11. Etant en ligne de file,
ordre naturel, passer à
une ligne de relèvement,
6 quarts, ordre naturel.
(Regulateur à droite.)
Fig. 12. Etant en ligne de file, ordre
naturel, passer à une ligne de
front, ordre renversé.
fig. 11.
fig. 12
Données de la figure.
Vitesse du régulateur 7n.
Ecart de vitesse en plus 30 %.
Angle d'obliquité 2 quarts.
Durée de l'évolution 12m.
Mode d'exécution $ 42.
Données de la figure.
Vitesse du régulateur 7n.
Ecart de vitesse en plus 30 %.
Angle d'obliquité 1 quart ½.
Durée de l'évolution 17m.
Mode d'exécution $ 42.

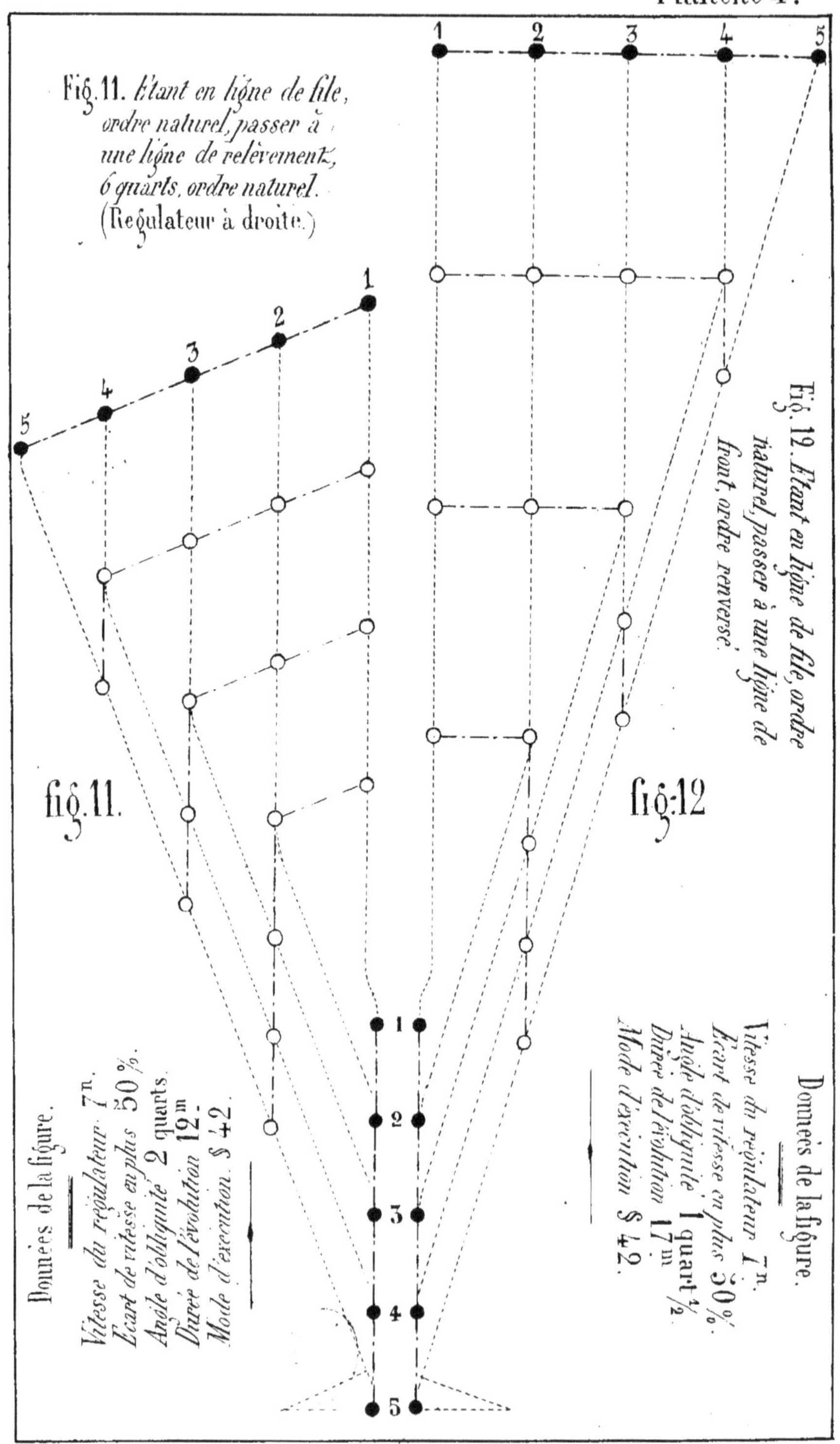

§ 44.

Première série d'applications.

PASSAGE DE LA LIGNE DE FILE SUR L'UNE QUELCONQUE DES AUTRES LIGNES.

Etant en ligne de file, ordre naturel, passer :

1° A une ligne de chasse. { Tribord (fig. 9). Bâbord (fig. 10).

Employer la méthode par file en gisement.

2° A une ligne de relèvement ou de front. . . { Ordre naturel (fig. 11). Ordre renversé (fig. 12).

Employer la méthode par file en gisement.

3° A une ligne de retraite.
Employer la méthode par le flanc.

4° A une ligne de file, ordre renversé.
Employer la méthode par le flanc.

Etant en ligne de file, ordre renversé, passer :

1° A une ligne de retraite.
Employer la méthode par le flanc.

2° *A une ligne de relèvement ou de front.*
Employer la méthode par le flanc.

3° *A une ligne de chasse.*
Employer la méthode par le flanc.

4° Enfin, *à une ligne de file, ordre naturel.*
Employer la méthode par le flanc.

§ 45.

Deuxième série d'applications.

PASSAGE D'UNE LIGNE DE CHASSE OU DE RETRAITE SUR L'UNE QUELCONQUE DES AUTRES LIGNES.

Etant en ligne de chasse, passer :

1° *A la ligne de file. . .* { Ordre naturel (fig. 13). / Ordre renversé

Dans le premier cas, on peut employer l'une ou l'autre des deux méthodes ; mais dans le second, la méthode par le flanc est seule praticable.

2° *A la ligne de front ou de relèvement.*
Si les vaisseaux sont en ligne de chasse tribord, il faut employer la méthode par le flanc pour passer à l'ordre naturel, et la méthode par file en gisement

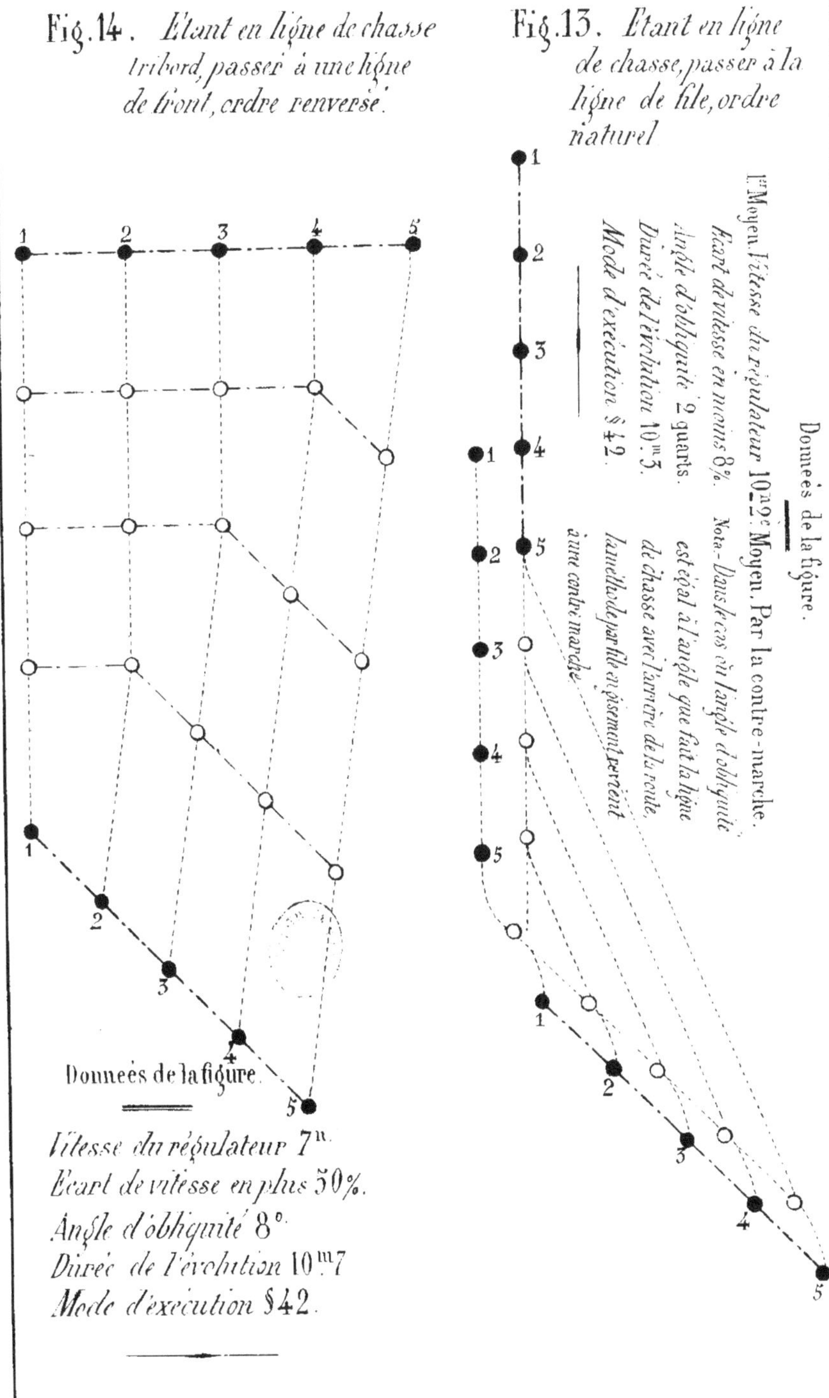
Fig. 14. Etant en ligne de chasse tribord, passer à une ligne de front, ordre renversé.
Fig. 13. Etant en ligne de chasse, passer à la ligne de file, ordre naturel
1 2 3 4 5
Données de la figure.
1er Moyen. Vitesse du régulateur 10n2
Ecart de vitesse en moins 8%.
Angle d'obliquité 2 quarts.
Durée de l'évolution 10m5.
Mode d'exécution §42.
2e Moyen. Par la contre-marche.
Nota - Dans ce cas où l'angle d'obliquité est égal à l'angle que fait la ligne de chasse avec l'arrière de la route, la méthode par file en gisement revient à une contre marche.
Données de la figure.
Vitesse du régulateur 7n.
Ecart de vitesse en plus 30%.
Angle d'obliquité 8°.
Durée de l'évolution 10m7
Mode d'exécution §42.

Fig.15. *Etant en ligne de chasse babord, passer à une ligne de front, ordre naturel.*

fig. 15.

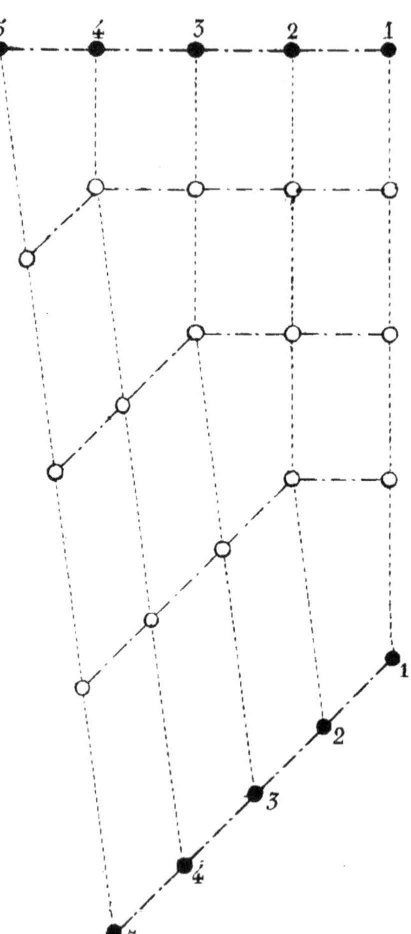

Données de la figure.

Vitesse du régulateur 7^{n}.
Ecart de vitesse en plus 50%
Angle d'obliquité 8°.
Durée de l'évolution $10^{m}.7$.
Mode d'exécution § 42.

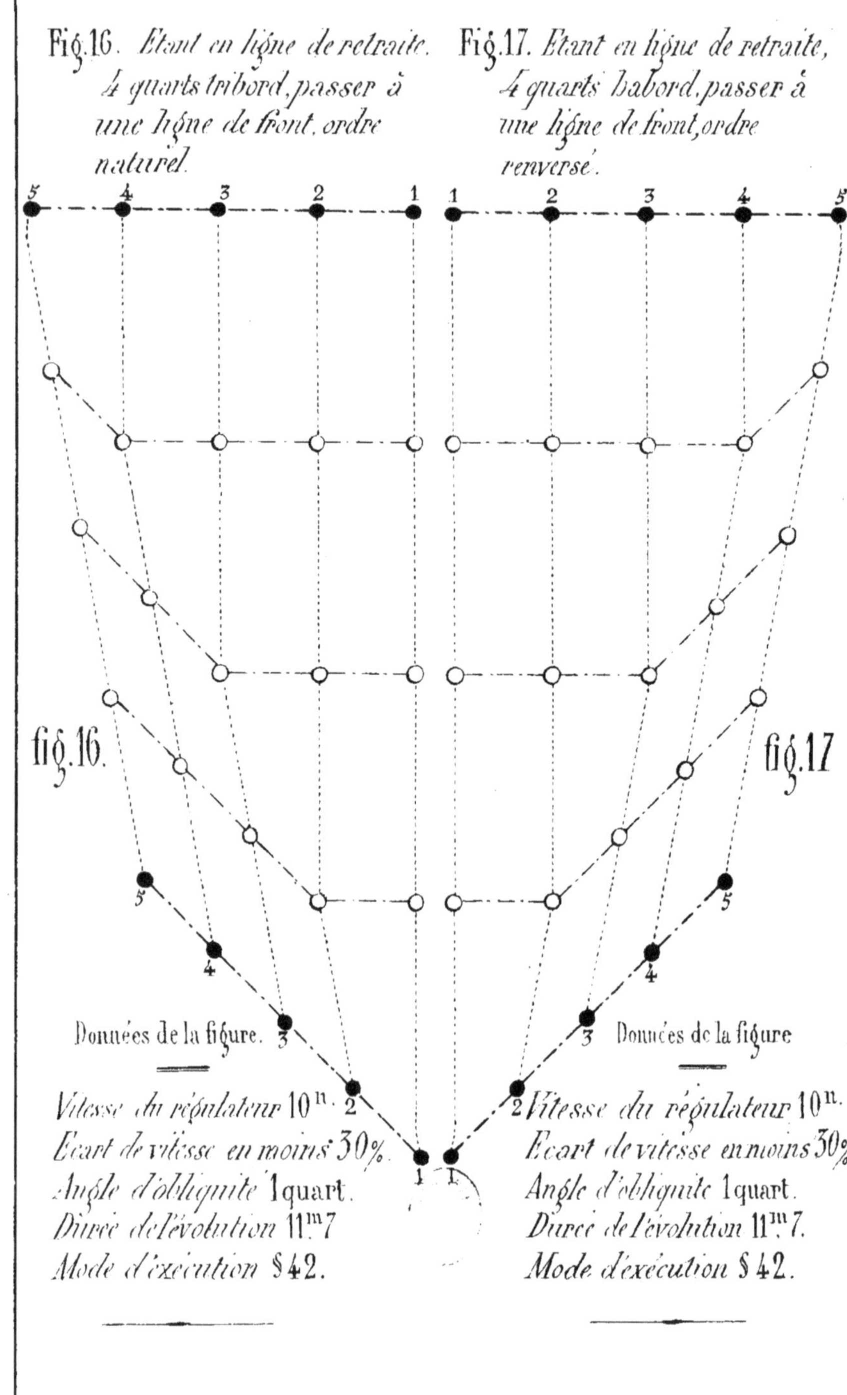
Fig.16. Etant en ligne de retraite, 4 quarts tribord, passer à une ligne de front, ordre naturel.
Fig.17. Etant en ligne de retraite, 4 quarts babord, passer à une ligne de front, ordre renversé.
5
4
3
2
1
1
2
3
4
5
fig.16.
fig.17
Données de la figure.
Vitesse du régulateur 10 n.
Ecart de vitesse en moins 30%.
Angle d'obliquité 1 quart.
Durée de l'évolution 11m 7
Mode d'exécution § 42.
Données de la figure
Vitesse du régulateur 10 n.
Ecart de vitesse en moins 30%
Angle d'obliquité 1 quart.
Durée de l'évolution 11m 7.
Mode d'exécution § 42.

Fig. 18. *Etant en ligne de front, ordre renversé, passer à la ligne de file, ordre naturel.*

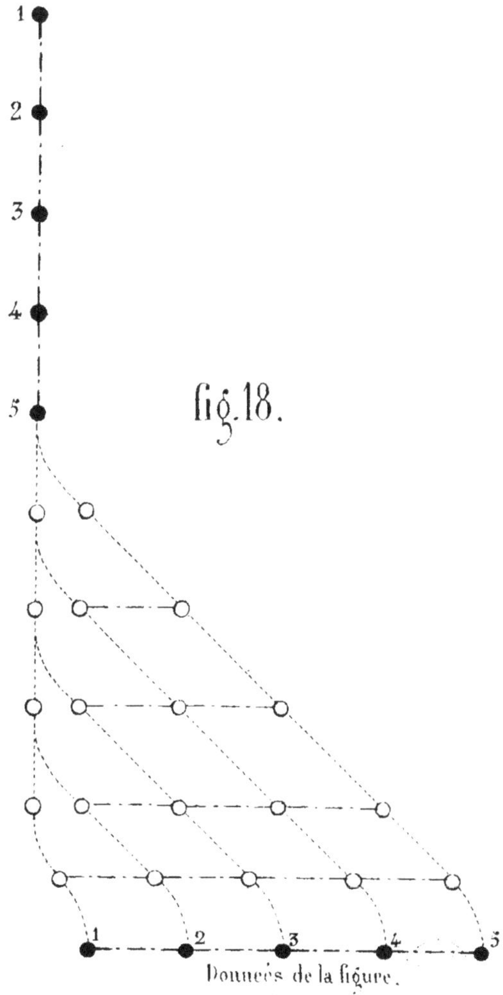

Données de la figure.

Vitesse du régulateur 10^n
Ecart de vitesse en moins 30 %.
Angle d'obliquité 4 quarts.
Durée de l'évolution 10^m.4.
Mode d'exécution § 42

(fig. 14) pour passer à l'ordre renversé. Si les vaisseaux sont en ligne de chasse bâbord, c'est le contraire (fig. 15).

3º *A une ligne de retraite.*

Si la ligne de retraite doit être flanquée du même bord, il faut nécessairement faire la contre-marche. Si elle doit être flanquée de l'autre bord, on peut employer la méthode par file en gisement; si, d'ailleurs, l'écart des lignes ne dépasse pas 90º et, dans le cas contraire, il faut employer la méthode par le flanc.

Etant en ligne de retraite, passer :

1º *A la ligne de file.*

Il convient d'employer la méthode par le flanc.

2º *A la ligne de front ou de relèvement.*

Si les vaisseaux sont en ligne de retraite tribord, il faut employer la méthode par le flanc pour passer à l'ordre renversé, et la méthode par file en gisement (fig. 16) pour passer à l'ordre naturel. Si les vaisseaux sont en ligne de retraite bâbord, c'est le contraire (fig. 17).

3º *A une ligne de chasse.*

Même observation que pour le passage de la ligne de chasse à celle de retraite.

§ 46.

Troisième série d'applications.

PASSAGE D'UNE LIGNE DE FRONT SUR L'UNE QUELCONQUE DES AUTRES LIGNES.

Etant en ligne de front, passer :

1° *Aux diverses lignes de relèvement et de flanquement.*

Quand les vaisseaux restent dans le même ordre, la méthode par file en gisement peut toujours être employée ; mais si l'inversion doit être opérée en même temps que le changement de gisement, il faut invariablement employer la méthode par le flanc.

2° *A la ligne de file.*

La méthode la plus commode est sans contredit celle par le flanc ; mais on peut employer l'autre, si quelque circonstance le réclame (fig. 18).

§ 47.

Lorsqu'il devient nécessaire de changer la direction de la route, sans modifier la nature de la ligne, il faut absolument faire varier le gisement en même temps que la route, dans le même sens, et de la même quantité angulaire : les diverses lignes sont loin d'offrir les mêmes facilités pour exécuter cette évolution.

Celle qui se prête le mieux à un changement de direction de la route, et qui le permet même dans une très-large mesure, est la ligne de file.

En lignes de front et de relèvement, le changement de gisement, qui est la conséqueuce du changement de route, réclame certains ménagements : le mouvement giratoire de ces lignes doit être opéré d'autant plus lentement que la ligne est plus longue, et il vaut mieux le décomposer que de l'exécuter en un seul temps, quand il dépasse deux quarts par exemple.

En ligne de flanquement, le mouvement giratoire devient d'autant plus facile que la ligne se rapproche davantage de la ligne de file.

§ 48.

Etant en ligne de file, pour changer la direction de la route, le chef de file, comme le prescrit le livre officiel, se range à la nouvelle route, et les autres vaisseaux le suivent par la contre-marche.

§ 49.

Etant en ligne de front ou de relèvement, pour changer la direction de la route dans la limite angulaire de deux quarts : — Le régulateur vient immédiatement à la route, et les autres vaisseaux gouvernent au rhumb de vent qui, par la méthode par file en gisement, les conduira sur le nouveau gisement; à mesure qu'ils y arrivent, ils viennent à la nouvelle route.

Pour accélérer ce mouvement, forcément lent, il convient d'employer l'écart maximum de vitesse, surtout quand l'amiral n'étant pas au centre, la ligne pivote autour d'une de ses ailes.

§ 50.

Etant en ligne de chasse, pour changer la direction de la route dans la limite angulaire de quatre quarts, on décompose le mouvement.

Les vaisseaux se rangent à la route par un mouvement tout à la fois, et, cela fait, ils prennent le nouveau gisement par la méthode par file en gisement.

§ 51.

Etant en ligne de retraite, pour changer la direction de la route dans la même limite angulaire de quatre quarts, il faut distinguer :

Si la nouvelle route écarte du gisement, on opère comme il vient d'être dit. Mais si elle rapproche du gisement, et surtout si elle fait passer le cap de l'autre côté, il faut employer une autre méthode.

Par un mouvement tout à la fois, les vaisseaux se rangent en ligne de file, ordre renversé, sur leur gisement actuel. Aussitôt, le jalonneur gouverne sur le nouveau gisement, les autres vaisseaux le suivent par la contre-marche, et lorsque le régulateur arrive sur le nouveau gisement; tous les vaisseaux viennent à la nouvelle route par un mouvement tout à la fois.

CHAPITRE IV

ORDRES COMPOSÉS

§ 52.

Tout groupement autre que ceux dans lesquels les vaisseaux se trouvent rangés sur une ligne droite ou circulaire, constitue un ordre composé. Conséquemment, il faut au moins trois vaisseaux pour former un ordre de cette nature.

Cet ordre rudimentaire est le peloton d'escadre : les trois vaisseaux qui le composent forment un triangle isocèle et gouvernent au même rhumb de vent.

§ 53.

Dès qu'il y a quatre vaisseaux, deux lignes parallèles peuvent être formées, et à mesure que le nombre des vaisseaux augmente, le nombre des combinaisons se multiplie.

Chaque combinaison différente constitue un ordre composé. Parmi les ordres composés, les uns sont à lignes parallèles à distance entière ou à distance réduite, et les autres sont à lignes convergentes.

§ 54.

Dans les ordres à lignes parallèles à distance entière, c'est-à-dire à une distance égale à la plus longue des lignes, ces lignes occupent les unes par rapport aux autres des positions telles que chacune d'elles peut évoluer comme si elle était isolée, pendant que leurs régulateurs respectifs, subordonnés au vaisseau-amiral, régulateur général, exécutent eux-mêmes toutes les évolutions de l'ordre simple rectiligne.

Ces ordres, pour la plupart, d'une utilité contestable (1), sont énumérés dans la tactique officielle.

§ 55.

Les ordres à lignes parallèles à distance réduite, dans la mesure nécessaire pour en faire des ordres de navigation, deviennent, à proprement parler, des *lignes doubles*, quand cette distance arrive à être égale ou inférieure à un intervalle de vaisseau.

§ 56.

Par lignes doubles, il faut entendre des ordres composés qui, par le fait du rapprochement des lignes, reconquièrent presque intégralement la flexibilité des

(1) L'écueil que présentent ces ordres est l'extrême écartement des lignes nécessité par des évolutions qui font converger les routes à angle droit. — Si l'on abandonne cette méthode, qui engendre des préoccupations trop vives, et que l'on adopte le système que je préconise, surtout parce qu'il renferme dans les limites les plus étroites possibles les mouvements giratoires et la divergence des routes, l'utilité des ordres à lignes parallèles et à distance entière, redeviendra incontestable.

ordres simples, et permettent d'évoluer avec une facilité quasi égale à celle que procurent les lignes simples.

Les lignes doubles constituent, surtout quand elles sont endentées, d'excellents ordres de bataille, lorsque c'est l'artillerie qui doit jouer le premier rôle.

Si le choc est le but final, elles sont la meilleure disposition qu'un amiral puisse prendre pour s'y préparer.

§ 57.

Trois de ces lignes doubles méritent une attention spéciale, ce sont :

1° *La ligne de file double;*

2° *La ligne de front double;*

3° *La ligne de flanquement double.*

Quand les vaisseaux d'une ligne correspondent aux créneaux de l'autre, l'ordre est dit *endenté.*

Les lignes doubles pourraient, en outre, être dites : en ordre naturel ou en ordre renversé, suivant que les lignes simples qui les composent sont dans l'un ou l'autre de ces ordres, et que la première ligne se trouve à droite ou en avant, à gauche ou en arrière de la seconde. Mais ceci serait plutôt théorique que pratique ; car, ce serait singulièrement compliquer les évolutions que de s'astreindre toujours à respecter certaines positions relatives qui n'ont d'autre valeur que celle qu'il plaît de leur accorder.

En ligne double, la prompte manœuvre doit être la règle générale, et conséquemment, il est sans intérêt de multiplier les dénominations. Quand il y a avantage à le faire on change les régulateurs et les jalonneurs (§ 10).

§ 58.

La ligne de file double est, pour des béliers, l'ordre par excellence de préparation au combat, parce que cette ligne permet à l'amiral de manœuvrer, soit pour déjouer les projets de l'ennemi, soit pour jeter du trouble dans ses rangs, tout en conservant la possibilité de passer presque instantanément à l'ordre en coin.

Si, en effet, l'amiral se place entre les deux lignes de manière à former avec les deux chefs de file un peloton d'escadre, il peut suivre des routes même tourmentées, car ces chefs de file placés dans ses hanches pourront toujours manœuvrer pour s'y maintenir, et les autres vaisseaux les suivront par la contre-marche.

Ainsi, l'attention de l'amiral peut rester concentrée sur les mouvements de l'ennemi, certain qu'il est de pouvoir, en temps opportun, se présenter en coin en ouvrant angulairement la ligne double, ou de pouvoir revenir à cette ligne double en fermant l'angle, si une plus grande flexibilité giratoire devenait nécessaire.

§ 59

Quand l'amiral prend la tête et se place entre les deux lignes, il doit, pour faciliter les manœuvres des chefs de file, mettre un jalon dans chacune de ses hanches; celui de tribord porte un pavillon ou un écran vert, et l'autre un pavillon ou un écran rouge. Ces jalons placés au point voulu pour tracer le gisement sur lequel doivent se maintenir les chefs des deux lignes, guident chaque capitaine pour régler la marche de son vaisseau quand l'amiral exécute un mouvement giratoire. Celui qui est du côté où les vaisseaux tournent doit ralentir son allure, et l'autre doit accélérer la sienne, dans la mesure nécessaire, pour se maintenir à la distance à laquelle chacun d'eux doit être du régulateur général (1).

(1) On peut se rendre compte par un calcul très-simple de la réduction ou de l'augmentation de vitesse que doivent prendre les vaisseaux chefs de file, dans leur mouvement giratoire. On trouve que si le régulateur tourne sur un cercle de 900 mètres de rayon, et que les distances entre les trois vaisseaux soient de 400 mètres, le vaisseau le plus en dedans devra ralentir sa vitesse de 13 0/0 et le vaisseau le plus en dehors, l'augmenter de 28 0/0.

Si la distance des deux lignes de file est réduite à 200 mètres, celle du vaisseau régulateur aux vaisseaux chefs de file restant égale à 400 mètres, le vaisseau le plus en dedans, ne devra ralentir que de 2 0/0, et le vaisseau le plus en dehors, accélérer de 19 0/0 (fig. 19 et 20)

Changement de direction d'un peloton d'escadre et d'une ligne de file double.

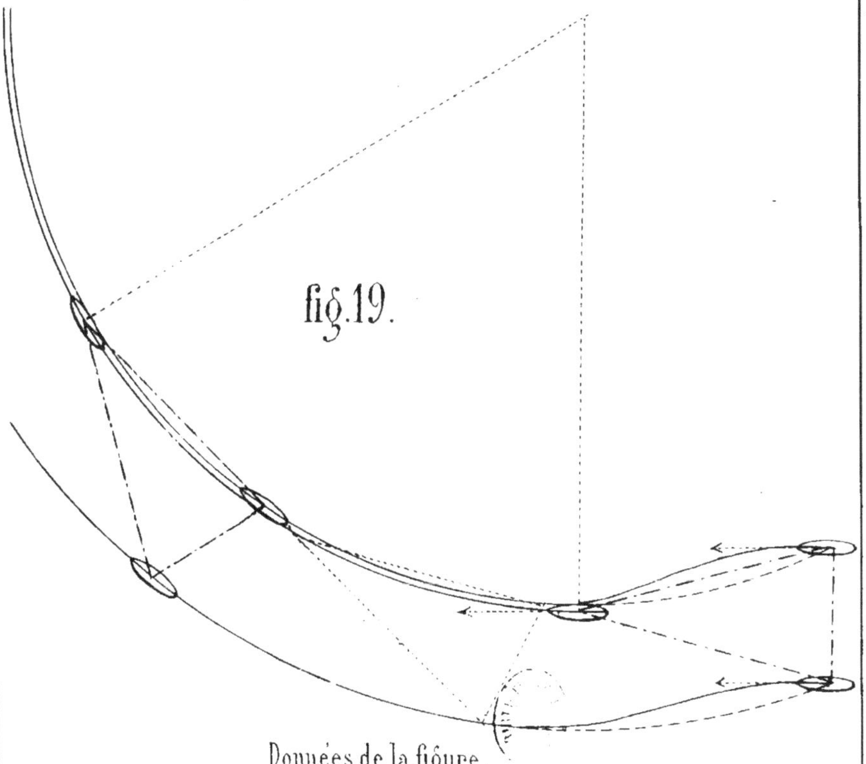

fig.19.

Données de la figure.

Rayon de giration du régulateur 900^{m}.
Vitesse du régulateur 8^{n}.
Ecarts de vitesse { *en plus* 19%. *en moins* 2%.
Mode d'exécution § 59.

Changement de direction d'un peloton d'escadre et d'une ligne de file double.

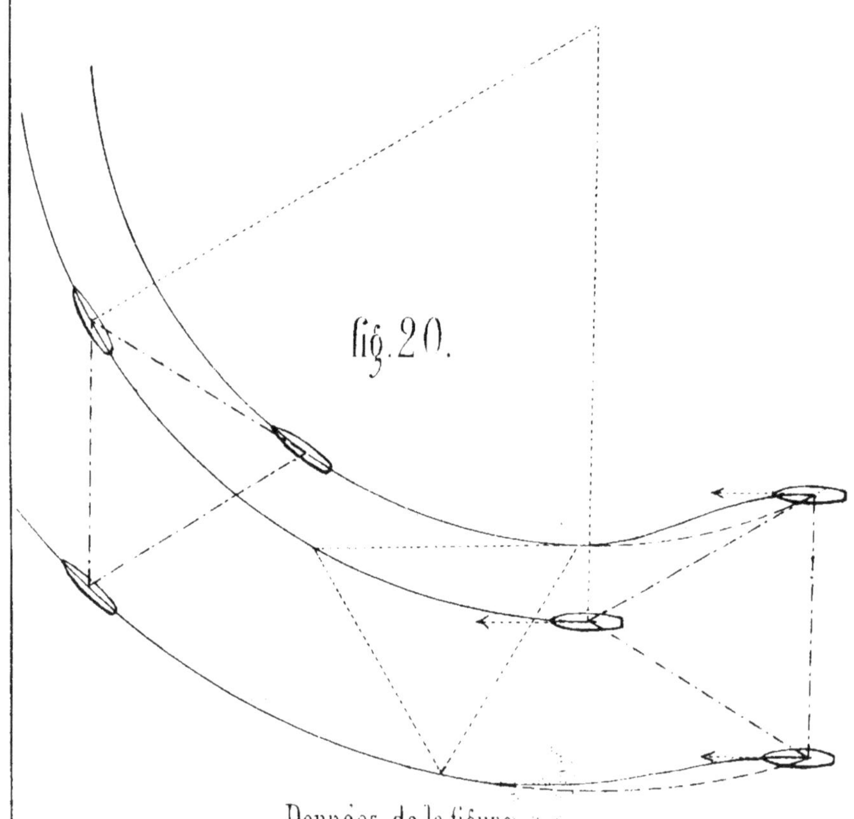

Données de la figure.

Rayon de giration du régulateur 900^m.
Vitesse du régulateur 8^n.
Ecarts de vitesse { *en plus* 28%. *en moins* 15%.
Mode d'exécution § 52.

Le vaisseau-amiral emploie plus ou moins de barre, suivant que la distance des deux lignes de file a été plus ou moins réduite. Mais il ne doit jamais mettre toute sa barre afin de ne pas rendre impossible le mouvement giratoire du vaisseau qui doit décrire le plus petit cercle (fig. 19 et 20).

§ 60.

La ligne de front double, surtout quand elle est endentée, est considérée comme un ordre d'attaque approprié au choc. Néanmoins, l'ordre en coin semble devoir être préféré.

§ 61.

La ligne de flanquement double est plutôt un élément de l'ordre en coin qu'un ordre spécial. Cependant, il convient de la mentionner.

§ 62.

Etant en ligne double de front, ou accidentellement,

de relèvement, pour changer de route : la première ligne opère comme si elle était seule, et la seconde suit par la contre-marche (fig. 21 et 22).

§ 63.

On obtient : la ligne de file double en réduisant la distance qui sépare les colonnes dans l'ordre sur deux colonnes ; la ligne de front double et la ligne de flanquement double, en réduisant pareillement la distance qui sépare les lignes dans les ordres de file par escadre, en ordre de front ou de flanquement.

Quand on veut revenir des lignes doubles aux ordres correspondants, il suffit d'augmenter la distance, soit par un mouvement tout à la fois d'obliquité, soit par un changement d'allure, soit par les deux moyens simultanément.

Toutefois, quand une évolution se pratique en vue d'arriver à une ligne double, on peut dans beaucoup de cas, simplifier en plaçant immédiatement les lignes à la distance des lignes doubles.

§ 64.

Etant en ligne double, on peut passer de l'une à l'autre, sans passer par les ordres correspondants, et

Fig. 21. *Etant en ligne de front double, changer la direction de la route de deux quarts en pivotant autour du centre.*

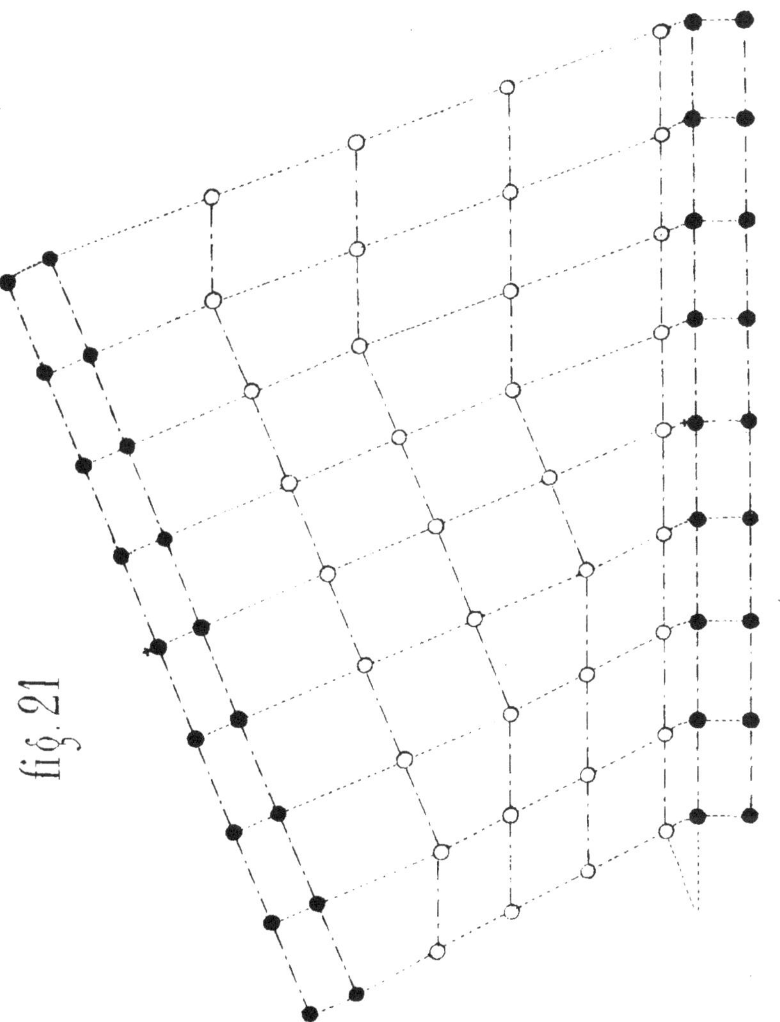

Données de la figure.

		Aile Droite.	Aile Gauche.
Vitesse du régulateur	8^n		
Ecart de vitesse		en plus 30°.	en moins 30%.
Angle d'obliquité		3°	5°
Durée de l'évolution	$8^m.2$		
Mode d'exécution	§ 62.		

Fig. 22. *Etant en ligne de relèvement double changer la direction de la route de deux quarts en pivotant autour du centre.*

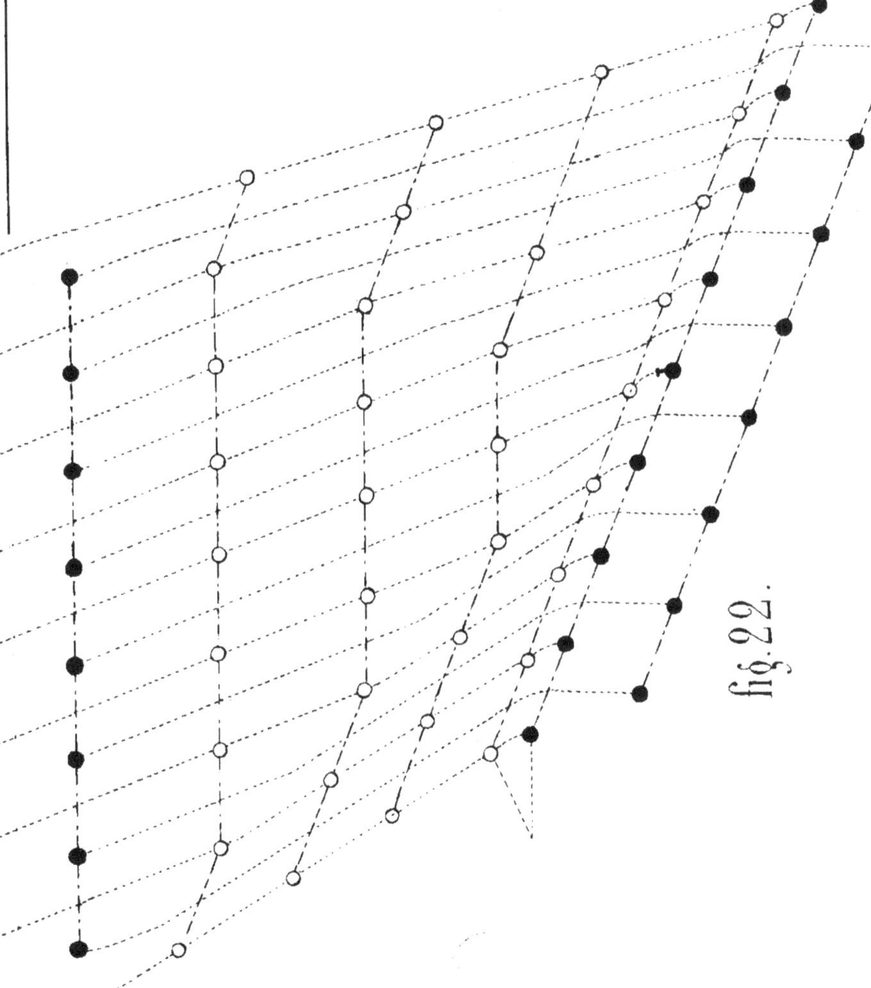

Données de la figure.

		Aile Droite.	Aile Gauche.
Vitesse du régulateur	8n.		
Ecart de vitesse		en plus 22 %.	en moins 20 %.
Angle d'obliquité		7°	10°
Durée de l'évolution	9m. 5		
Mode d'exécution	§ 62		

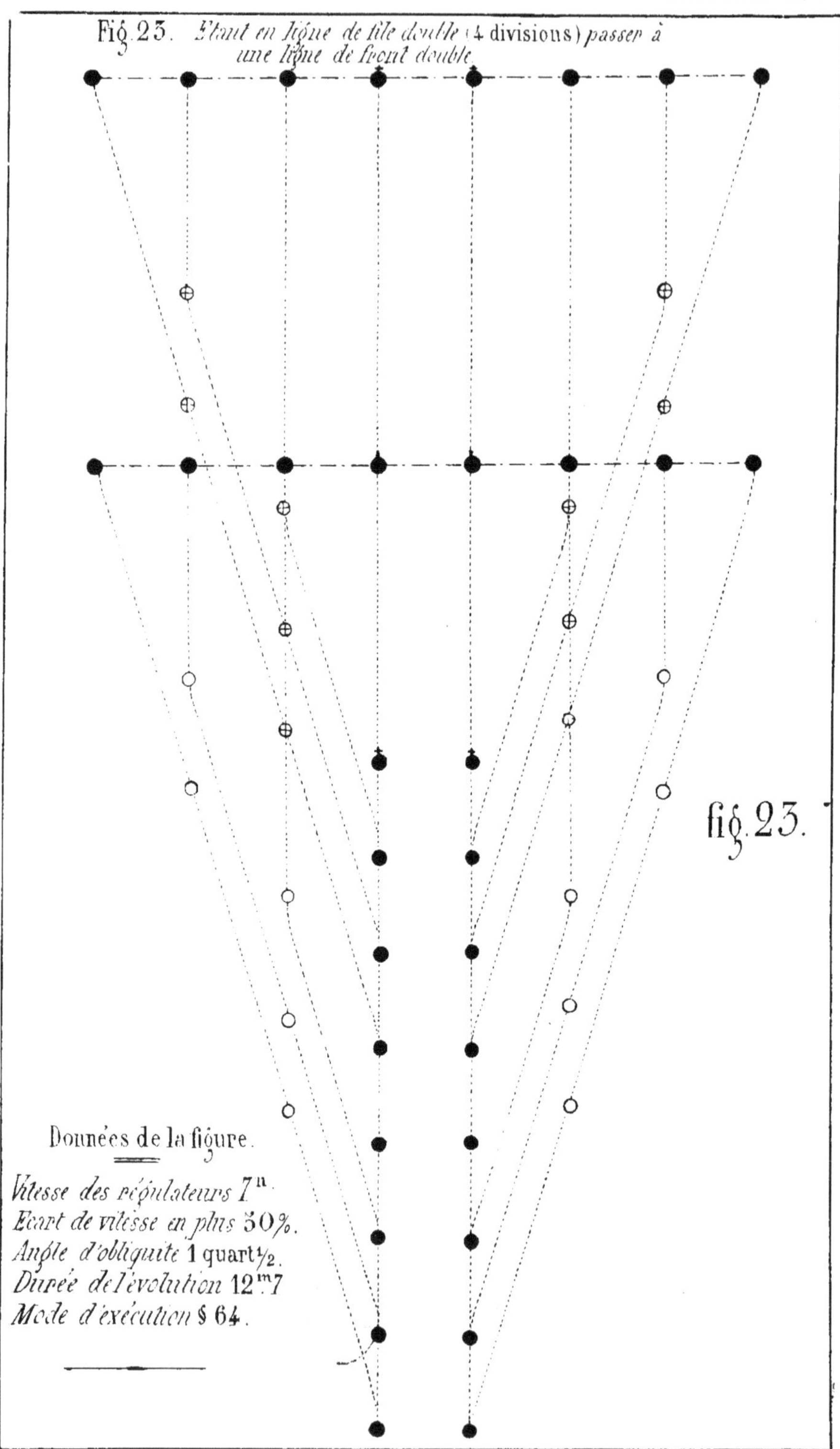
Fig. 23. Etant en ligne de file double (4 divisions) passer à une ligne de front double.
fig. 23.
Données de la figure.
Vitesse des régulateurs 7n.
Ecart de vitesse en plus 30%.
Angle d'obliquité 1 quart½.
Durée de l'évolution 12m7
Mode d'exécution § 64.

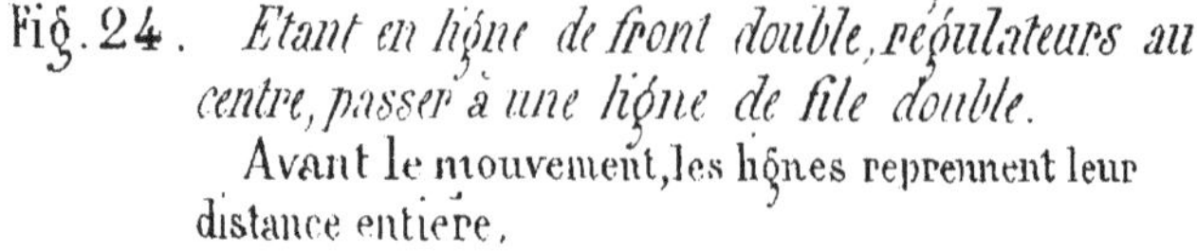

Fig. 24. *Etant en ligne de front double, régulateurs au centre, passer à une ligne de file double.*

Avant le mouvement, les lignes reprennent leur distance entière.

Données de la figure

Vitesse des régulateurs 10"

Ecart de vitesse en moins 30%

Angle d'obliquité 4 quarts.

Durée de l'évolution 7m 8.

Mode d'exécution § 64.

fig. 24.

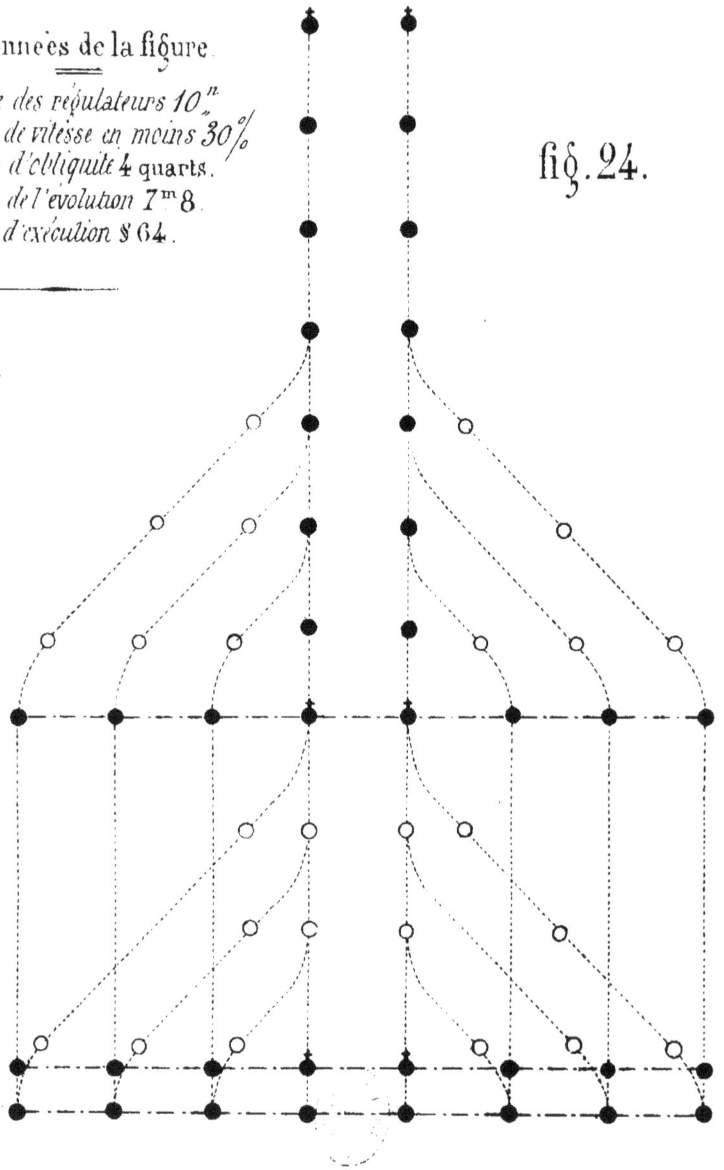

ainsi, toutes les évolutions vraiment utiles peuvent être pratiquées à rangs serrés (fig. 23 et 24).

Par des changements de route tout à la fois, on peut, en effet, passer successivement de la ligne de file double à une ligne de flanquement double ou à une ligne de front double.

On peut aller plus loin encore, et la route restant la même, on peut, par des changements de gisement passer d'une ligne double à une autre, en employant, soit la méthode par file en gisement, soit celle par le flanc.

Quand on emploie la première, il est quelquefois avantageux de subordonner la seconde ligne à la première, alors celle-ci suit par la contre-marche; mais quand on emploie la seconde, les deux lignes doivent toujours agir simultanément.

§ 65.

Les ordres composés, à lignes convergentes, sont les véritables ordres de combat pour des béliers, parce que dans ces ordres, le flanc de chaque vaisseau est couvert par l'éperon de celui qui le suit.

L'importance qu'à ce point de vue, acquièrent ces ordres, explique et justifie les développements qui vont suivre.

§ 66.

Deux lignes de chasse symétriques dont les régulateurs sont juxtaposés, constituent un angle de chasse ou un ordre d'attaque pour des béliers.

Deux lignes de retraite symétriques dont les régulateurs sont également juxtaposés constituent un angle de retraite.

En prompte manœuvre, un angle de chasse peut encore être constitué avec deux lignes de retraite, et un angle de retraite avec deux lignes de chasse, en juxtaposant leurs jalonneurs.

Quand ce sont les régulateurs qui sont juxtaposés, les angles sont en ordre naturel; et quand ce sont les jalonneurs, ils sont en ordre renversé.

Dans tous les cas, le vaisseau-amiral, régulateur général, peut se placer à l'angle saillant ou à l'angle rentrant.

La forme rudimentaire de ces ordres, est le peloton d'escadre marchant du côté de son angle, ou du côté opposé.

§ 67.

Les vaisseaux étant en ligne de file double, ordre naturel, c'est-à-dire en ordre normal de préparation

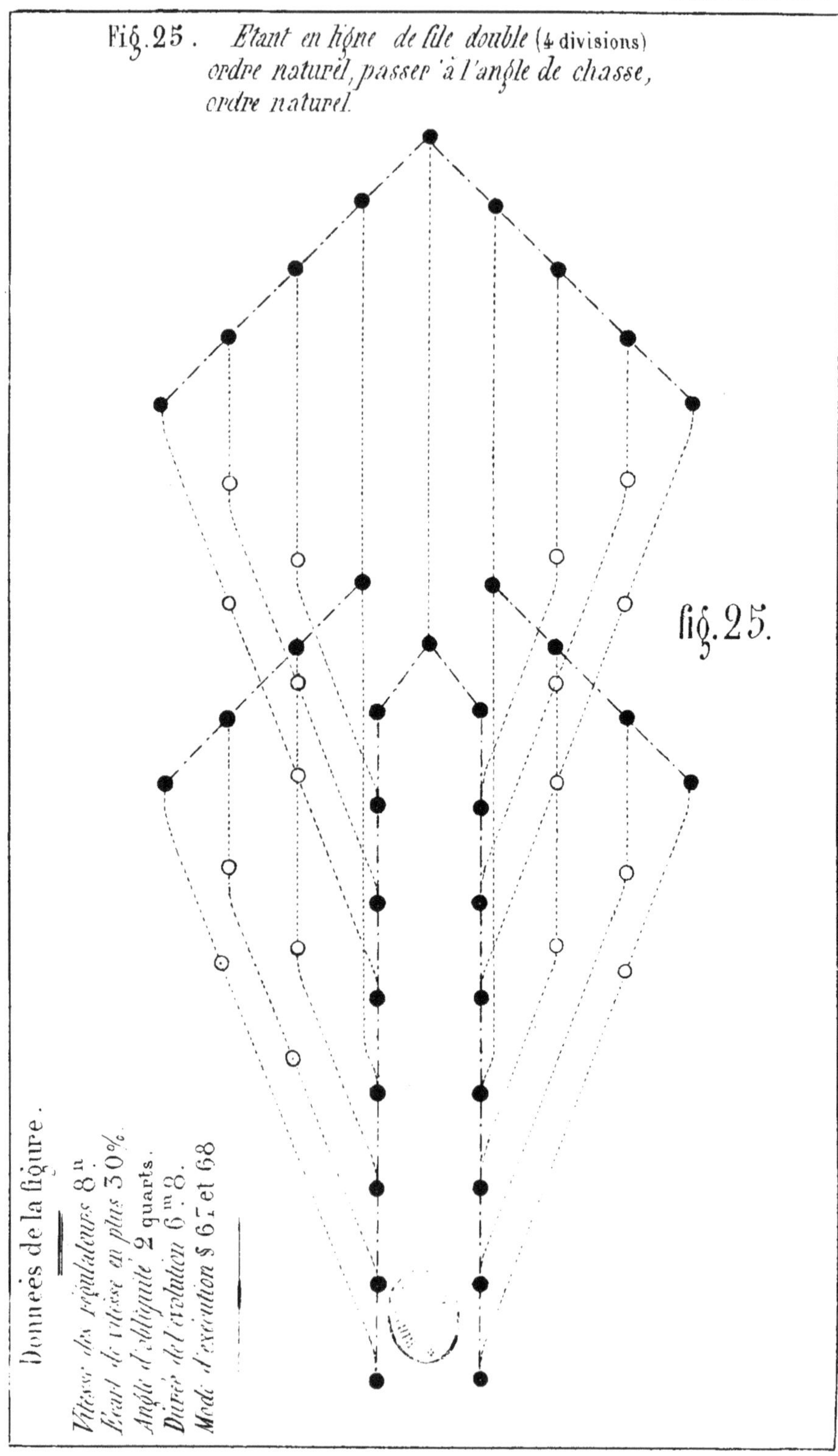
Fig. 25. *Etant en ligne de file double* (4 divisions) *ordre naturel, passer à l'angle de chasse, ordre naturel.*
fig. 25.
Données de la figure.
Vitesse des régulateurs 8 n.
Ecart de vitesse en plus 30 %.
Angle d'obliquité 2 quarts.
Durée de l'évolution 6 m. 8.
Mode d'exécution $ 67 et 68

au combat, l'amiral, pour passer à l'angle de chasse, ordre naturel, n'a qu'à faire ouvrir angulairement les deux lignes parallèles des vaisseaux qui le suivent : la ligne de droite vient sur le nouveau gisement par un mouvement oblique à droite, et celle de gauche, par un mouvement oblique à gauche (fig. 25).

La méthode à employer pour exécuter ce mouvement est invariablement celle par file en gisement.

§ 68.

Si la ligne de file double comprend quatre divisions ou escadres, le mouvement peut se faire par division ou escadre et ainsi on obtient un angle de chasse double à distance entière.

Pour réduire la distance, il suffit d'accélérer l'allure du deuxième angle, ou de retarder celle du premier (fig. 25).

§ 69.

Etant en ligne de file double, ordre naturel, pour passer à l'angle de retraite (1) ordre renversé, les

(1) Je ne recommande pas cet ordre, parce que les vaisseaux se flanquent du côté où ils n'ont rien à craindre.

régulateurs gouvernent sur le gisement de l'angle de retraite en obliquant en sens inverse, et, quand les jalonneurs sont sur le point d'arriver sur le gisement, tous les autres vaisseaux reviennent à la route (fig. 26).

§ 70.

Les vaisseaux étant en ligne de file double, ordre renversé, on passe par des procédés analogues aux angles de chasse en ordre renversé, ou de retraite en ordre naturel.

§ 71.

Des vaisseaux en ordre de front simple ou double, régulateur au centre, peuvent passer aux angles de chasse ou de retraite simples ou doubles ; pour cela, il suffit de faire pivoter les ailes autour de leurs régulateurs, soit en avant, soit en arrière, par la méthode par file en gisement (fig. 27 et 28).

Si les régulateurs se trouvent aux ailes, et qu'on veuille, par une prompte manœuvre, former l'ordre en coin, il suffit de changer les régulateurs, en désignant pour remplir cette fonction, les vaisseaux du centre. Cela fait, on opère comme il vient d'être dit.

§ 72.

Par des procédés inverses, on revient des angles de chasse ou de retraite simples ou doubles, aux lignes de file doubles, ou aux lignes de front, simples ou doubles.

§ 73.

Accidentellement on peut passer d'une ligne de relèvement à un angle de chasse (fig. 29).

§ 74.

Ce qui importe le plus, en ordres de préparation au combat ou de combat, c'est de pouvoir changer la direction de la route, sans altérer l'ordre, ou du moins, en ne l'altérant que dans la moindre mesure et pendant le plus court temps possible.

Etant en angle de chasse, ordre naturel ou renversé, il convient, pour éviter la confusion, de décomposer les changements de route, et de n'en pas faire de plus de quatre quarts à la fois.

Pour changer de route dans cette limite angulaire de quatre quarts, l'amiral fait venir tous les vaisseaux à la fois, à la route nouvelle ; puis aussitôt, il fait rectifier l'ordre par un double mouvement, par file en gisement, de la quantité angulaire dont la route a varié. La ligne du côté où les vaisseaux sont venus, exécute ce mouvement par file en arrière, et l'autre le fait par file en avant.

Aussitôt l'ordre rectifié, l'amiral peut changer de route une seconde fois dans le même sens, puis une troisième et arriver ainsi à parcourir tout le cercle (fig. 30).

§ 75.

Etant en angle de retraite, pour changer la direction de la route dans la limite angulaire de quatre quarts, tous les vaisseaux viennent à la fois à la route qui range en ligne de file sur leur gisement, ceux qui se trouvent du côté où l'angle doit tourner. Ces derniers vaisseaux passent successivement sur le nouveau gisement, et, quand le régulateur y parvient, ils reviennent à la route, et les vaisseaux rangés sur l'autre côté de l'angle prennent leur nouveau gisement par la méthode par file en gisement (fig. 31).

§ 76.

Toutes les combinaisons du présent chapitre démontrent la nécessité du fractionnement en un nombre pair d'éléments et la convenance de donner un chef à chacun de ces éléments.

D'un autre côté, l'ordre d'attaque rudimentaire, le peloton d'escadre, exigeant trois vaisseaux, on ne peut admettre d'élément comprenant un nombre moindre de vaisseaux.

Conséquemment, une division de ligne ne peut se composer de moins de trois vaisseaux, et comme deux divisions constituent une escadre, le maximum ne doit pas rationnellement dépasser cinq vaisseaux.

Une escadre devant comprendre deux divisions au moins, comporte six vaisseaux au minimum et onze au maximum. A partir de douze vaisseaux, on peut constituer, au moins, deux escadres, c'est-à-dire une armée.

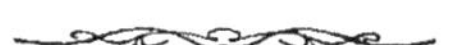

CHAPITRE V

ORDRES DE NAVIGATION

§ 77.

Lorsque disparaît l'éventualité du combat, et qu'il ne s'agit, pour une force navale, que de se rendre d'un point sur un autre, l'objectif change : les intérêts qui prédominaient s'effacent, des exigences d'une autre nature surgissent (§ 25), et conséquemment la règle varie.

§ 78.

D'abord, le groupement en cessant d'avoir pour but la concentration des forces et le flanquement des vaisseaux, peut être moins serré et n'être combiné qu'en vue de procurer la rapidité et la sécurité de la navigation.

L'ordre qui satisfait le mieux à ces conditions, quand les vaisseaux sont peu nombreux, est sans contredit la ligne de file. Mais, lorsque le chiffre des vaisseaux s'élève, cette ligne devient si longue, que pour conserver l'intégralité et l'instantanéité du commandement, force est de lui préférer des ordres plus concentrés.

Toutefois, lorsque l'armée doit traverser des passes étroites, la ligne de file doit être invariablement conservée. Le plus qu'en pareille circonstance, on puisse faire pour la raccourcir, quand les vaisseaux sont trop nombreux, c'est de la rendre double.

§ 79.

Lorsque l'armée vogue en pleine eau et qu'ainsi la direction de la route a cessé d'être un sujet de préoccupation, l'intérêt de la concentration, devenant prédominant, conduit à adopter l'ordre en colonnes qui, à ce point de vue, est celui qui présente le plus d'avantages.

Cet ordre peut encore être employé quand l'armée prolonge une côte, si l'amiral est le chef de file de la colonne la plus rapprochée du rivage, et si, en même

Fig. 26. *Étant en ligne de file double, ordre naturel, passer à l'angle de retraite, ordre renversé.*

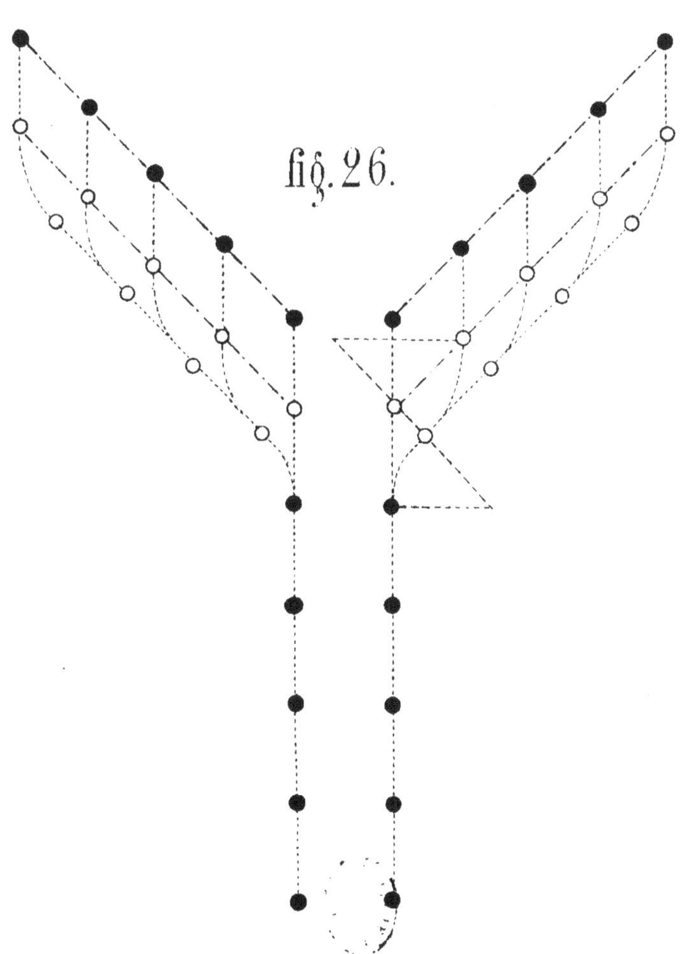

§ 69. Méthode par le flanc.

Fig. 27. *Étant en ligne de front double, régulateur au centre, passer à un angle de chasse double.*

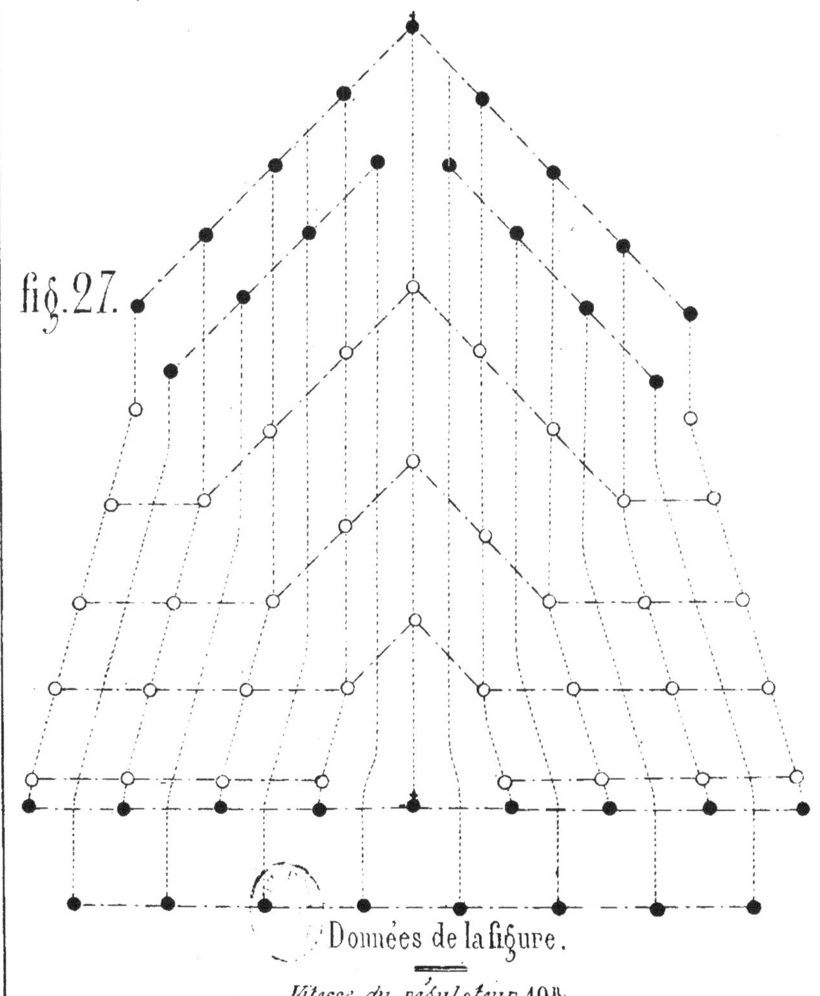

Données de la figure.

Vitesse du régulateur 10 n.
Écart de vitesse en moins 40%.
Angle d'obliquité 1 quart 1/2
Durée de l'évolution 8m,5.
Mode d'exécution §71.

Fig. 28. *Etant en ligne de front simple, régulateur au centre, passer à un angle de retraite.*

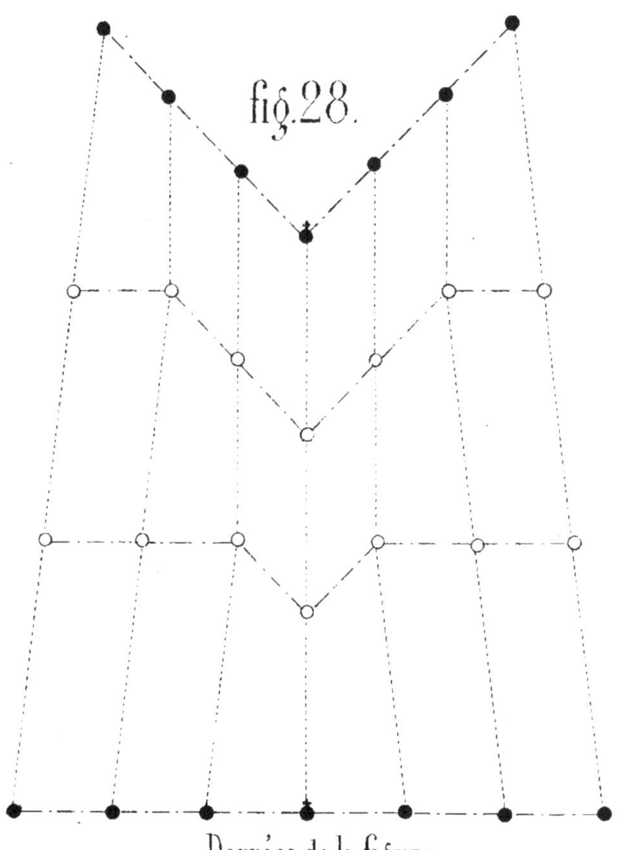

Données de la figure.

Vitesse du régulateur 7^{n}.
Ecart de vitesse en plus 50%.
Angle d'obliquité 8°.
Durée de l'évolution 8^{m},2.
Mode d'exécution § 71.

Fig. 29. *Etant en ligne de relèvement double, régulateur au centre, passer à un angle de chasse.*

Données de la figure.

		Aile Droite.	Aile Gauche.
Vitesse du régulateur	10n		
Ecart de vitesse		en moins 30%	en moins 50%
Angle d'obliquité		19°	1 quart
Durée de l'évolution		4m, 9	10m, 8
Mode d'execution	§ 73		

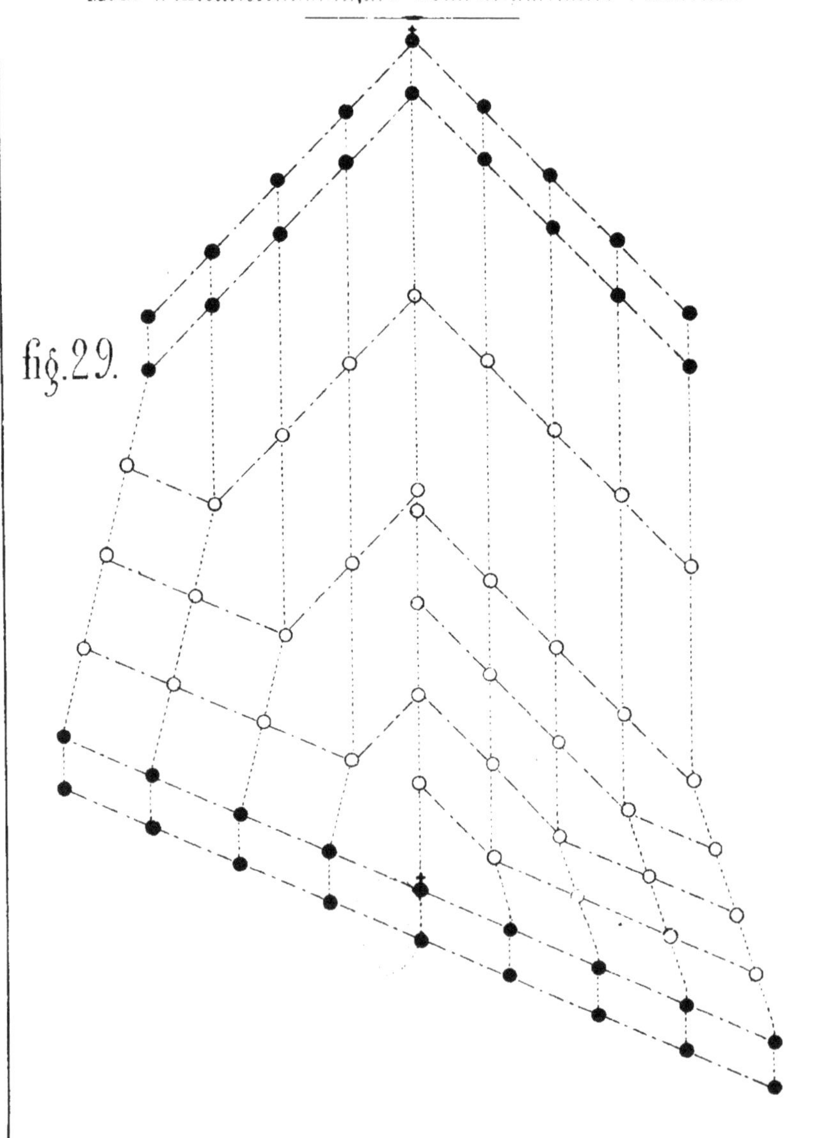

Fig. 30. *Etant en angle de chasse. ordre naturel, changer la direction de la route de 4 quarts.*

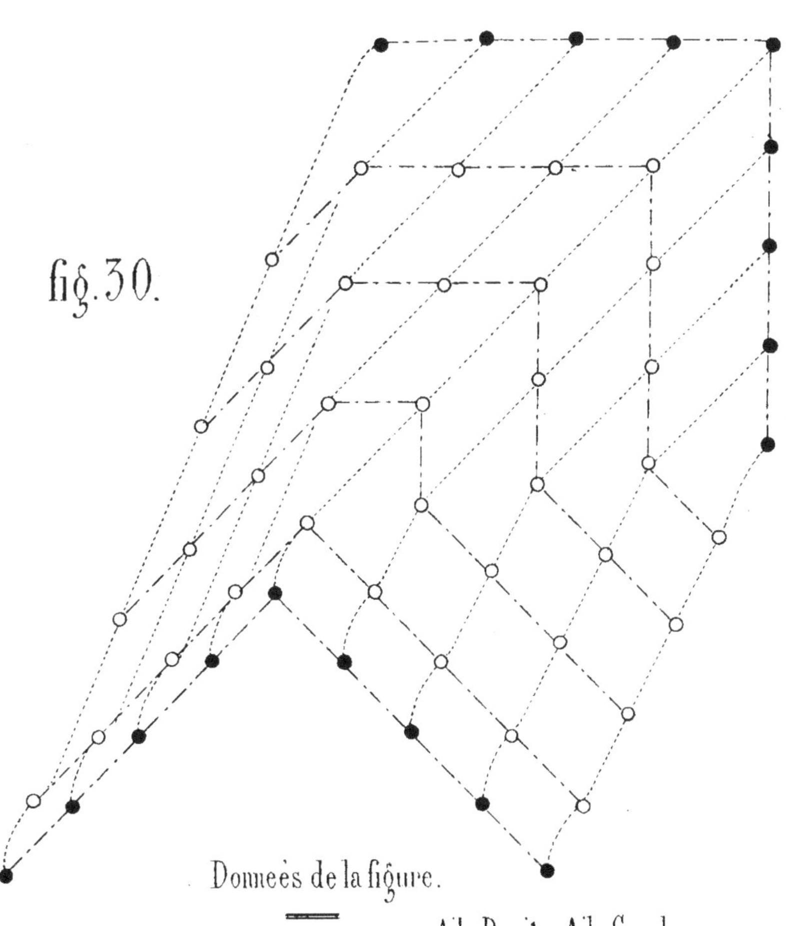

Données de la figure.

		Aile Droite.	Aile Gauche.
Vitesse du régulateur	8^{n.}		
Ecart de vitesse		en moins 40%	en plus 25%
Angle d'obliquité		1 quart et demi	20°
Durée de l'évolution	$10^m, 7$		
Mode d'exécution	§ 74		

Fig. 31. *Etant en angle de retraite de 3 quarts, changer la direction de la route de 4 quarts.*

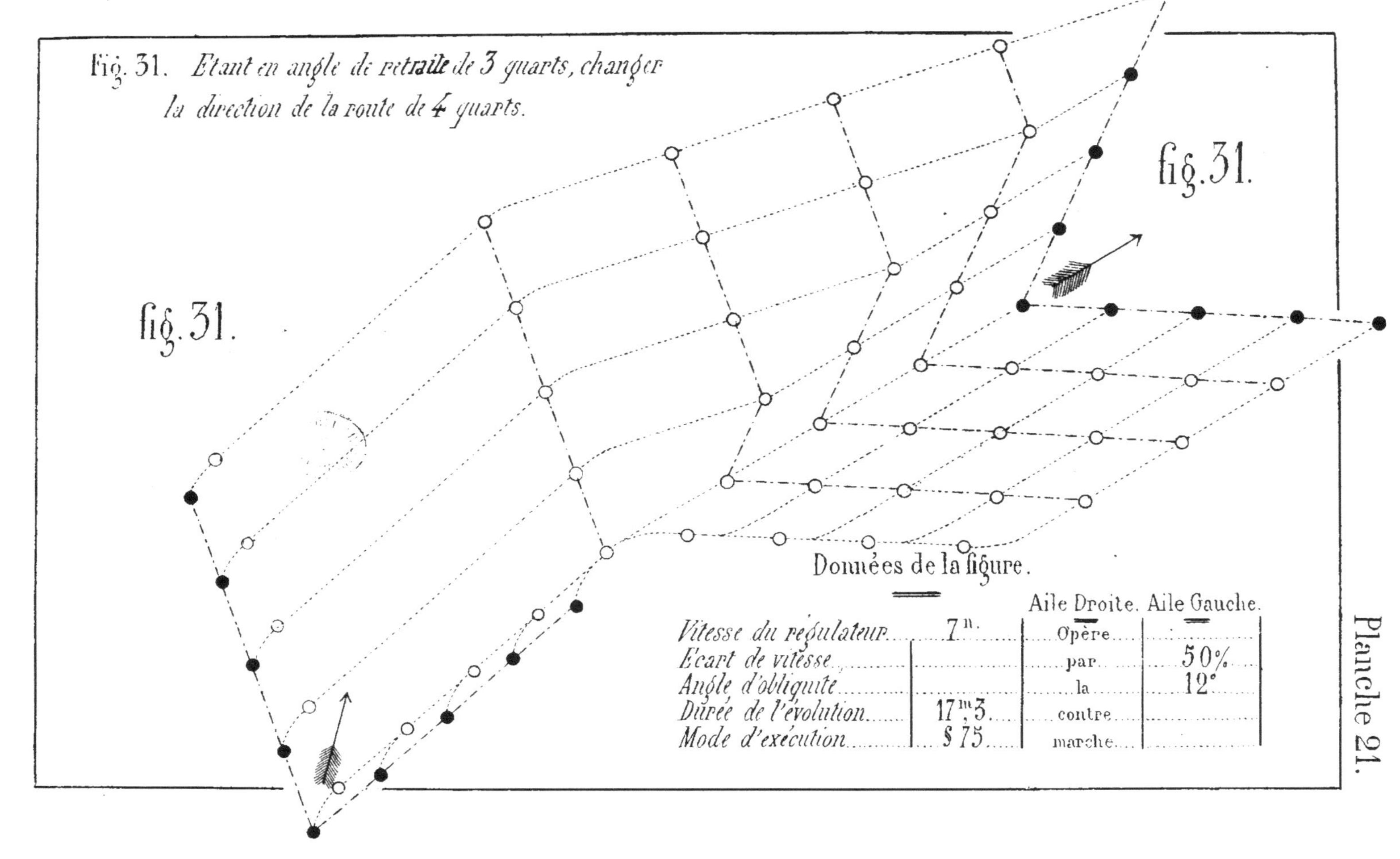

Données de la figure.

		Aile Droite.	Aile Gauche.
Vitesse du régulateur	7 n.	Opère	
Écart de vitesse		par	50%
Angle d'obliquité		la	12°
Durée de l'évolution	17 m. 3.	contre	
Mode d'exécution	§ 75	marche	

temps, l'écartement des colonnes n'est pas exageré au point de rendre trop lents les mouvements giratoires. (Note du § 54).

§ 80.

Dans le cours ordinaire de la navigation tout conduit à être tolérant dans la tenue du poste, et à élargir le champ dans lequel un vaisseau peut osciller sans être réputé tombé hors de son poste.

Pour parcourir de longs espaces avec un approvisionnement limité de combustible, il faut, en effet, utiliser le vent, et conduire les feux économiquement, c'est-à-dire : être modéré dans la poursuite du parfait équilibre des vitesses.

§ 81.

L'économie de combustible étant, dans toutes les circonstances de la navigation, un intérêt de premier ordre, on ne doit jamais négliger de faire toute la toile que comporte le temps : tant que les feux sont allumés, c'est en modérant l'allure de l'hélice qu'il convient de modérer la vitesse, parce qu'ainsi, on profite intégralement du moteur qui ne coûte rien.

§ 82.

Lorsque l'armée est sous voiles, il y a lieu de suivre les prescriptions du vieux livre pour passer de la ligne de file à l'ordre en colonnes, pour changer la direction de la route, et, en général, pour exécuter toutes les évolutions relatives aux ordres en colonnes.

Lorsque l'armée est sous vapeur, il convient de conserver, tout au moins, la constitution de ces ordres, et notamment, l'écartement des colonnes, afin de pouvoir substituer un moteur à l'autre, sans être contraint à modifier la position relative des vaisseaux : cela est essentiel en ordre de navigation.

Cette considération conduit à exclure l'emploi de la méthode usitée aujourd'hui dans les évolutions sous vapeur relatives aux ordres en colonnes, parce que la conséquence forcée de son emploi (Note du § 54) est l'adoption d'un écartement excessif des colonnes. Ainsi quand la plus longue colonne ne compte que cinq vaisseaux distants les uns des autres, de deux encablures, cet écartement mesuré par *l'intervalle entre deux vaisseaux multiplié par le nombre de ceux qui sont en ligne dans la colonne qui en comprend le plus,* atteindrait déjà *dix encablures.*

Il est d'ailleurs à remarquer que l'avantage de ne modifier l'allure d'aucun vaisseau au moment d'une évolution, le seul qu'on puisse invoquer en faveur de la méthode actuelle, est bien chèrement payé quand, étant en colonne, il faut changer la direction de la route ; car alors l'écartement excessif des colonnes, rend le mouvement giratoire extrêmement lent et exige de grandes variations de vitesse d'une colonne à l'autre.

§ 83.

La navigation ne réclame qu'un très-petit nombre d'évolutions spéciales, les principales sont les suivantes :

1° Passer de la ligne de file à l'ordre en colonnes.

2° Etant en colonnes, changer la direction de la route.

3° Revenir à la ligne de file, quand les difficultés de la route l'exigent.

§ 84.

Pour que l'ordre en colonnes, sous vapeur, corresponde au même ordre sous voiles, il convient d'adopter pour l'écartement des colonnes, une distance égale aux 4/10 de la longueur d'une colonne. Avec cet écartement, les chefs de file relèveront sensiblement les serre-files à deux quarts de la route, ce qui est la règle de l'ordre en colonnes sous voiles.

Cet écartement sous vapeur étant admis, pour passer de la ligne de file à l'ordre en colonnes, l'amiral commence par réduire l'allure de l'armée, à un nombre de tours d'hélice tel qu'une augmentation de 50 0/0 soit possible. Cela fait, il ordonne l'évolution.

L'escadre de tête continue sa route et conserve son allure; les autres vaisseaux obliquent, tout à la fois, de 1 quart à droite ou à gauche, suivant la place que doit occuper la première escadre, et, au même instant, ils augmentent de 50 0/0 le nombre de tours que fournit leur hélice. Ainsi, ils s'avancent obliquement en restant alignés et au fur et à mesure que chaque escadre arrive à l'écartement voulu de celle qui la précède, elle revient à la route et reprend l'allure du régulateur général, en temps opportun pour que chaque vaisseau s'arrête par le travers de celui auquel il correspond.

Les chefs de file rectifient leur alignement et l'intervalle des colonnes de manière à ce que chacun d'eux relève les serre-file des colonnes voisines à deux quarts de la route.

Toutefois, lorsque les colonnes ne comptent que deux vaisseaux, la distance qui les sépare ne doit pas être réduite au dessous d'un intervalle de vaisseau, comme cela serait nécessaire pour que les chefs de file se relevassent à deux quarts de la route.

§ 85.

Etant en colonnes, changer la direction de la route :

Le vaisseau-amiral se range immédiatement à la nouvelle route et les vaisseaux de sa colonne le suivent par la contre-marche.

Les autres chefs de colonne reprennent le travers du vaisseau-amiral par un mouvement par file en arrière ou en avant, suivant que leurs colonnes sont du côté du mouvement ou du côté opposé; les vaisseaux de leurs colonnes respectives prennent leur allure, et les suivent par la contre-marche.

§ 86.

Etant en colonnes, revenir à la ligne de file :

L'allure ayant été rendue telle qu'une augmentation de 50 0/0 soit possible, l'escadre qui doit prendre la tête continue sa route, et les vaisseaux qui la composent augmentent de 50 0/0 le nombre de tours d'hélice que leurs machines fournissent.

Les autres escadres obliquent à droite ou à gauche

de un quart, en temps opportun pour arriver dans les eaux de celle de tête, et quand elles y sont parvenues, elles s'y maintiennent en prenant la route et l'allure du vaisseau de tête.

Si elles n'étaient pas du même côté de l'escadre qui va prendre la tête, elles n'obliqueraient que successivement.

§ 87.

Dans les ordres de navigation dont l'élasticité n'a pour limite que la détermination, par l'amiral, de l'intervalle qui sépare les vaisseaux, la tolérance dans la tenue du poste, (§ 80) est sans inconvénient aussi longtemps que le coup d'œil peut exercer son action préservatrice des abordages (§ 4).

Mais quand (§ 4), la brume survient, quelque grand que soit l'intervalle des vaisseaux et, conséquemment, l'espace qui sépare les colonnes, la marche parallèle et équilibrée reprend toute son importance, elle devient même l'unique sauvegarde contre les abordages. Alors pourtant s'aggravent les difficultés à surmonter pour la réaliser, car à partir de l'instant où la cécité commence, cette marche parallèle et équilibrée ne peut plus être qu'automatique.

§ 88.

La *marche automatique* exclut l'emploi simultané des moteurs à voiles et à vapeur; il faut opter entre l'un ou l'autre.

Quand la voilure a pu être équilibrée, le vent étant le même pour tous les vaisseaux et les vitesses étant d'ailleurs généralement faibles, on n'a guère à se préoccuper que de la direction de la route.

Quand l'armée est sous vapeur, il faut en outre, maintenir les machines aux allures qui équilibrent les vitesses. On n'y parviendra que si, par des expériences et des exercices fréquents et prolongés, on a acquis la connaissance parfaite des coëfficients de marche et l'habileté nécessaire pour rendre isochrones les oscillations des pistons.

§ 89.

L'amiral doit conséquemment ne laisser échapper aucune occasion favorable pour exercer ses vaisseaux à la marche automatique.

A cet effet, il les rangera en ligne de front simple ou double endentée, et, après avoir fait vérifier les coëfficients de marche, il prescrira de cesser de rectifier les allures et de marcher comme si les vaisseaux ne se voyaient pas.

Alors, chaque conducteur de machine, dégagé de toute sujétion, agira comme si son vaisseau était régulateur et ne s'attachera qu'à fournir un nombre de tours d'hélice égal au produit de celui qui est signalé multiplié par le coëfficient de marche afférent à son vaisseau.

Pour éviter toute complication et rendre les appréciations plus faciles, on pratiquera séparément, les exercices relatifs à la direction qui n'ont, au surplus, qu'une importance relativement minime à cause de la moins grande difficulté de se maintenir en direction.

§ 90.

De tout ce qui précède, il ressort que pour assurer la sécurité des vaisseaux dans le cours ordinaire de la navigation de conserve, que pour donner aux groupes divers la cohésion et la flexibilité qui assurent le succès dans les combats, la difficulté, la plus sérieuse à surmonter, consiste dans la régulation de l'allure des machines d'où découlent les marches égalisées ou différenciées dans la mesure réclamée par des méthodes d'évolutions appropriées aux besoins nouveaux.

FIN

NOTE

DE M. L'INGÉNIEUR JAŸ

Cette note n'a pour objet que de mettre en relief la grande simplicité de l'opération mécanique, qui consiste à trouver instantanément l'angle dont doivent obliquer les vaisseaux pour passer d'un gisement sur un autre, avec un écart de vitesse déterminé. Une règle simple et pratique étant la seule chose qui finalement intéresse celui qui doit se servir de l'instrument au moment de l'exécution d'une évolution, il convient d'éliminer tout ce qui aurait un caractère abstrait de théorie ou de description.

Ces détails, ainsi que les conséquences qui en découlent, et toutes les ressources que l'instrument peut offrir, font d'ailleurs l'objet d'un travail spécial qui ne peut rentrer dans le cadre de cette publication.

Comme l'avait d'abord pensé l'amiral, une table peut fournir les indications nécessaires. Elle est elle-même simple et d'un emploi facile; elle est indispensable pour les personnes qui n'ont pas l'instrument entre les mains. C'est pour cette raison qu'elle a été calculée et qu'on la trouve reproduite à la fin de l'ouvrage sous la forme de deux tableaux : le nº 1, pour le cas d'un changement de gisement en avant; le nº 2, pour le cas d'un changement de gisement en arrière. Ces tableaux sont à double entrée, dont les titres des colonnes sont : la somme des gisements d'une part et les écarts de vitesse de l'autre.

L'emploi de l'instrument comme celui de la table, repose sur certaines conventions, qu'il est indispensable de préciser, et qui se bornent du reste, à la manière d'estimer les angles que font les gisements avec la route. Ces angles doivent toujours être comptés à partir de la direction arrière de la route et évalués en nombre rond de quarts. Il faut encore ajouter une observation : Si on jette un coup-d'œil sur la planche nº 22, on voit qu'elle se compose d'une aiguille mobile D et d'une série de rayons limités à une circonférence. La demi-circonférence supérieure B, sert seule pour les mouvements par file en gisement en avant; c'est au contraire la demi-circonférence inférieure B' seule, qu'il faut employer quand on fait par file en gisement en arrière.

Ces conventions étant faites, on peut saisir facilement le jeu de l'instrument et l'emploi des tables; les deux exemples suivants comprenant tous les cas qui peuvent se présenter :

1er *Exemple*. L'amiral ordonne de passer d'un gisement 3 quarts à un gisement 6 quarts par un mouvement en avant avec une augmentation de vitesse de 30 0/0, on fait immédiatement la somme $3 + 6 = 9$.

Si on se sert de l'instrument, on cherche dans le limbe supérieur B le rayon marqué 9; on manœuvre l'aiguille D, de manière à faire coïncider le point 1,30 ($= 1 + 0,30$*) de cette aiguille, avec le rayon, comme on le voit en M sur la figure; cette aiguille vient dans cette position rencontrer le

* Ces chiffres sont le tant pour cent d'augmentation ou de diminution de vitesse.

cadran gradué F en un point P, à côté duquel est marqué le nombre de degrés dont les vaisseaux doivent obliquer ; on lit donc immédiatement ce chiffre, et on voit que dans l'exemple en question, les vaisseaux doivent obliquer de 10° pour passer d'un gisement 3 quarts à un gisement 6 quarts avec une augmentation de vitesse de 30 0/0.

Si pour résoudre la même question, on veut employer la table, on entre dans le tableau n° 1, avec le chiffre 9 par la colonne intitulée : Somme des gisements, et avec le chiffre 1,30 par la ligne des écarts de vitesse, et on lit à la rencontre la valeur de l'angle.

2e *Exemple.* L'amiral ordonne de passer d'un gisement 13 quarts à un gisement de 9 quarts par un mouvement en arrière avec une diminution de vitesse de 20 0/0. On fait la somme des quarts, 13 + 9 = 22.

Si on se sert de l'instrument, on cherche dans le limbe inférieur B', le rayon qui porte le chiffre 22; on manœuvre l'aiguille de manière à faire coïncider le point 0,80 (= 1 — 0,20 *) avec le rayon 22, en N sur la figure, l'aiguille dans cette position, vient rencontrer le cadran gradué F, en un point P à côté duquel est inscrit le chiffre 10° ; on lit donc immédiatement, comme dans l'exemple précédent, que les vaisseaux devront obliquer de 10° pour passer d'un gisement de 13 quarts à un gisement de 9 quarts en diminuant leur vitesse de 20 0/0.

Pour se servir de la table avec les mêmes données, on aurait recours au tableau n° 2, et agissant comme dans le 1er exemple, on entrerait dans ce tableau avec les chiffres 22 pour somme des gisements et 0,20 pour écarts de vitesse.

L'instrument a l'avantage de donner la solution de tous les cas

* Même note que la précédente.

qui ne sont pas calculés dans la table, sans exiger d'interpolation ; il fournit aussi d'autres indications qu'on ne trouve pas dans la table. C'est ainsi qu'avec un cadran additionnel et une seconde aiguille placée en O', on peut résoudre tous les cas où l'évolution conduirait à croiser la route, et trouver très rapidement le temps nécessaire à chaque mouvement, mais ces détails ne peuvent avoir leur place que dans le travail général dont il a été question, et les exemples précédents suffisent pour préciser la méthode, et mettre en évidence la simplicité de l'application.

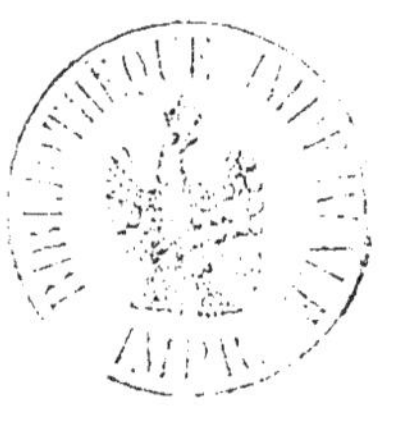

TABLEAU N° 1.

Changement de Gisement en avant.

SOMME des Gisements.	ÉCARTS DE VITESSE										SOMME des Gisements.
	1 005	1.01	1.02	1.03	1.04	1.05	1.10	1.20	1.30	1.40	
1	2°24'	4°12'	7°02'	9°18'	11°15'						31
2	1 21	2 34	4 41	6 32	8 11	9°40'	15°40'				30
3	0 55	1 47	3 22	4 50	6 11	7 26	12 40	20°14'	25°43'	30° 0'	29
4	0 41	1 20	2 34	3 44	4 50	5 52	10 22	17 9	22 12	26 12	28
	1.05	1.10	1.15	1.20	1.25	1.30	1.35	1.40	1.45	1.50	
5	4°44'	8°35'	11°48'	14°34'	17° »	19°09'	21°05'	22°50'	24°55'	25°51'	27
6	3 53	7 09	9 56	12 23	14 33'	16 29	18 14	19 49	21 05	22 15	26
7	3 12	6 »	8 23	10 31	12 25	14 09	15 41	17 07	18 24	19 36	25
8	2 40	5 »	7 03	8 54	10 33	12 03	13 25	14 40	15 48	16 52	24
9	2 12	4 09	5 54	7 28	8 52	10 10	11 20	12 26	13 25	14 21	23
10	1 48	3 25	4 52	6 10	7 21	8 27	9 27	10 22	11 13	12 »	22
11	1 26	2 45	3 55	5 »	5 58	6 52	7 41	8 37	9 09	9 48	21
12	1 08	2 08	3 04	3 54	4 40	5 23	6 02	6 38	7 »	7 43	20
13	0 49	1 35	2 15	2 52	3 27	3 59	4 27	4 51	5 20	5 43	19
14	0 32	1 02	1 29	1 54	2 16	2 37	2 56	3 14	3 31	3 50	18
15	0 16	0 31	0 44	0 56	1 08	1 19	1 27	1 37	1 45	1 53	17

TABLEAU N° 2.

Changement de Gisement en arrière.

SOMME des Gisements.	ÉCARTS DE VITESSE										SOMME des Gisements.
					0.05	0.04	0.03	0.02	0.01	0.005	
1										5°37'	31
2									3°37'	1 33	30
3						12°17'	7°27'	4°25'	2 01	0 58	29
4					9°02'	6 44	4 46	3 01	1 26	0 42	28
	0.50	0.45	0.40	0.35	0.30	0.25	0.20	0.15	0.10	0.05	
5									16°37'	6°18'	27
6								21°45'	11 15	4 51	26
7							24°26'	14 48	8 34	3 50	25
8					45° »	25°32'	17 07	11 17	6 47	3 06	24
9				38°02'	25 37'	18 23	13 05	8 54	5 27	2 31	23
10			34°04'	25 »	18 47	14 02	10 14	7 04	4 21	2 02	22
11	42°24'	30°52'	23 49	18 21	14 12	10 49	7 59	5 33	3 28	1 37	21
12	27 26	21 32	17 08	13 34	10 38	8 21	6 05	4 15	2 04	1 15	20
13	18 36	14 59	11 63	9 39	7 37	5 54	4 24	3 05	1 56	0 55	19
14	11 43	9 31	7 43	6 13	4 56	3 50	2 52	2 01	1 16	0 36	18
15	5 40	4 38	3 46	3 03	2 25	1 47	1 24	1 »	0 37	0 18	17

Indicateur du gisement.

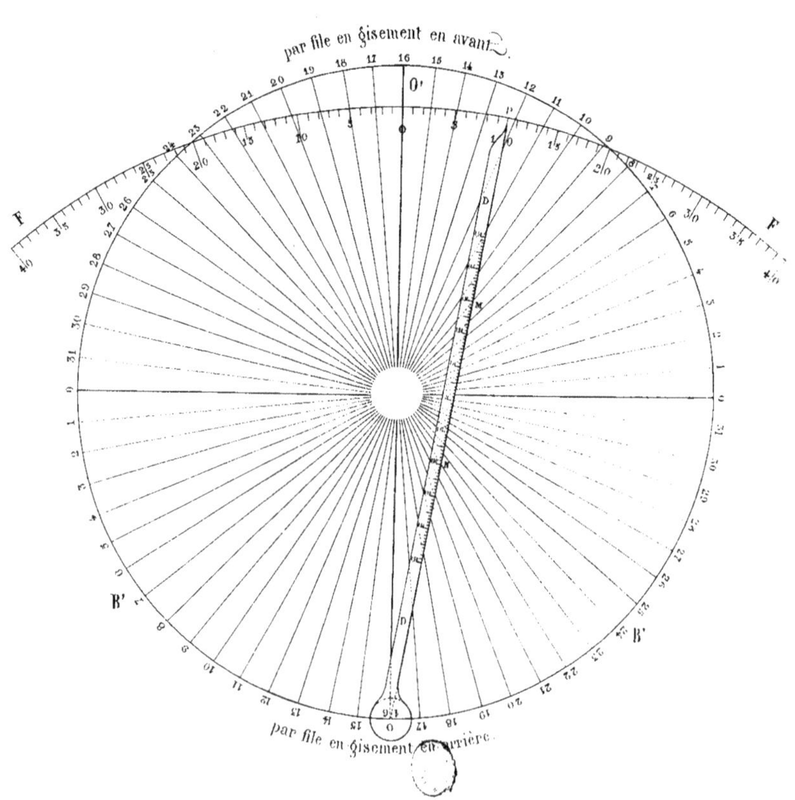

www.ingramcontent.com/pod-product-compliance
Ingram Content Group UK Ltd.
Pitfield, Milton Keynes, MK11 3LW, UK
UKHW021055260726
13994UKWH00002B/537